U0107173

文
景
————
Horizon

社 科 新 知　文 艺 新 潮

Terry Eagleton

RADICAL
SACRIFICE

论牺牲

〔英〕特里·伊格尔顿 著　　林云柯 译

上海人民出版社

献给林荫修道院的加尔默罗修女们

当某人自由地拥抱死亡的象征，或者死亡本身……一种被应许的强大的趋善力量就会随之释放。

玛丽·道格拉斯:《洁净与危险》, 1966

目 录

前 言

　　这本书中的诸章节都隶属于一个更为宏大的研究计划，这一计划所涉的一系列想法可以被视为我后期作品的核心：死　ix
亡、悲剧、牺牲、剥削，诸如此类。可能有些读者会觉得这些概念太过阴暗了，对此我要补充一点，那就是在这一研究中我也在积极地处理其他的一些问题，比如革新、转变和革命，我并没有忽视这一面，而它们与那些阴暗面形影不离。

　　和我最近其他的一些著作差不多，政治左翼对这本书所思考的东西兴趣寥寥，确切地说，后现代人士也不以为意。爱、死亡、受难、牺牲、罪恶、殉道、宽恕等等，在当今的文化或者政治理论家那里毫不时髦。这些东西通常只有神学家才会关注，而我本人也不像一般的左翼人士那样对神学持一种蔑视态度，这是因为在我的成长历程中的某些转折时刻，我偶然地对这些问题有了一些领悟。无论如何，我已经足够确信在关于犹太教和基督教脉络的世俗看法中，有相当一部

x 分是严重的偏见或者极端的无知，对于这些人来说，社会主义不过就是一个关于古拉格集中营的问题，或者女性主义不过是女性将她们天生的谦卑和端庄抛到九霄云外的后果罢了。因此这本书更为批判性的目的，就是要揭露这些态度是多么的可悲和滑稽，当然这种揭露很大程度上是隐含的。一说到神学，即使是最敏锐的世俗思想家，也要冒着陷入陈词滥调的泥潭和可笑的误解之中的风险。

事实上，像我这样的受惠于马克思主义遗产的人竟然对神学更感兴趣，就像自由党或社会民主党人士对司汤达和福楼拜感兴趣，这确实是再奇怪不过的事了。马克思主义是关于历史变革的理论与实践，而非关于某种人类存在的洞见，因此它也无意对诸如死亡、苦难抑或是宽恕、悲剧性崩溃，又或者虚无主义的本性提供什么引人注目的论说。而为了解决这些问题，人们更倾向于去求助陀思妥耶夫斯基、圣保罗、莎士比亚和塞巴尔德[1]。

我非常感谢我的文字编辑夏洛特·查普曼（Charlotte Chapman），她的工作非常高效而细致。在这一点上，她与

---

[1] 塞巴尔德（W. G. Sebald, 1944—2001），德国作家，代表作《土星之环》《移民》《奥斯特利茨》等。同时也出版学术著作，如《卡尔·斯特恩海姆：威廉时代的批评家与牺牲品》《都柏林作品中毁灭的神话》以及《大轰炸与文学》等。他是当前日耳曼语言文学中被讨论最多的作家之一。——译者注

我在耶鲁的前任文字编辑，博学多识的珍妮·罗伯茨（Jenny Roberts）具有同样高的水准。我也要由衷感谢蒂莫西·拉德克利夫教区牧师（Timothy Radcliffe OP），他细致地研读了本书，并且给了我很多富有启发性的评论。我还要感谢萨姆·邓尼特（Sam Dunnett），他证明了自己是一位出色的研究助理。

第一章　激进的牺牲

在现代，牺牲已经不再是最引人入胜的观念了，它带有 1
自我贬斥的意味以及惩罚性的自我否弃。牺牲是丈夫飞扬跋
扈之下妻子的饱经磨难，是女主人颐指气使之下奴隶的逆来
顺受，是护士与炼钢工人为经济良态的艰苦隐忍，是纳粹突
击队员的以身殉国。在爱德华·圣·奥宾的小说《母亲的奶水》
中，那位被消耗殆尽的母亲，她的人生支离破碎，而她的欲
望却未获满足，如此这般地诉说着"自我牺牲的暴政"。这样
一个观念萦绕着受虐狂和自我嫌恶的气息，以及对那些造就
了一生的种种都抱有一种病态的同情。这一切都始于一种冲
动——伴着恋尸癖式的仪式和自我献祭的典礼，以此去取悦
一个暴虐成性的上帝，并在法西斯主义国家的号角声中画上
句号。J. M. 库切在《迈克尔·K 的生活和时代》中写道，某人
何以仅仅是"牺牲这座庞大的金字塔中的另一块垫脚砖，任
其他人踏过，就可以最终站到巅峰，咆哮着，拍打着自己的
胸脯，宣誓自己是一切目之所及的君主"。黑格尔就是这样一
名偶尔会错误地对人类境况持盲目乐观态度的思想家，他写

2　道："就算我们视历史为屠宰场，国族的幸福、国家的明智以及个人的美德都被牺牲于其刀俎之下，但有一个问题仍然会在我们脑中回荡：这些巨大的牺牲最终会换来什么？"[1]

对于寻常的自由主义理智来说，自我实现与自我摒弃总是在本质层面上争执不休，但这并不是由于采取了一种更为激进的视角。正如一个自由主义者所不吝于去做的那样，他认为对于人类必须采取一种极为完善的看法，其假设自我是自足的，无须任何根本性的断裂和重塑，而牺牲作为其中挥之不去的印记也就被一并抹除了。与之等同的则是另一种看法，其宣称我们周遭的政治生活形式能够逐步进化为一种国家正义，而同时又能免于任何剧烈的动荡。那些将牺牲对立于爱之相互依存性的人，他们忘记了这种相互依存若要持久，就必然牵涉到一种以牺牲为特征的献身。实际上，存在着这样一种牺牲性之爱，它关涉自我戕害的暴力宣泄。这里的困扰在于，拒斥这种凶险的意识形态也就意味着我们要试图认同黑格尔，即在更富意义的死亡观念中，爱的内在结构总是牺牲性的——虽然我们总是一再讲述着自我献身的相互性，而不是将其作为相互关系向单边主导性关系转化的屈从性条约。正如一则评论所说的："牺牲和自我弃绝都不是仅以其自

1　转引自 Michelle Gellrich, *Tragedy and Theory* (Princeton, NJ, 1988), p. 37。

身为目的的，其实质是一个人忘记了他自身是处在对他者的爱之中的。"[1]"忘记"在这里是一个可疑的主张，它似乎在暗示爱对于自我所进行的强化是在疏离于爱本身的一系列行为中实现的。既然如此，对于将牺牲视为一种必然的自我毁损形式这样的流行看法来说，这样的主张就被认为提供了一种有益的矫正。

普遍流行的观念几乎完全一致地将牺牲作为野蛮和愚昧的观念加以拒斥。托马斯·霍布斯认为，最高的道德责任就是自我保存。在他之后，罗纳德·德沃金宣称一个人对于他人的责任不能拓展为一种极端的自我牺牲；他的给定前提是，一个人最优先的义务总是关于他自身的生命的。这是一种非常符合郊区中产阶级生活态度的道德类型。实际上，在德沃金的思想中并非完全没有将互助作为道德责任的视角，但前提是所面对的困难极为严峻，与此同时，施以援手所要付出的代价又必须是可承受的，而对于那些需要帮助的人来说，你又是他们唯一的希望。[2]约翰·罗尔斯的精神也与之相似，他反对通过牺牲达到更大的善，否认牺牲少数人的自由对于实现大多数人的福利来说是正当的。[3]尤尔根·哈贝马斯要求"理性的

3

1　Jamie M. Ferreira, *Love's Grateful Striving: A Commentary on Kierkegaard's 'Works of Love'* (Oxford, 2001), p. 153.

2　参看 Ronald Dworkin, *Justice for Hedgehogs* (Cambridge, MA, 2011)。

3　John Rawls, *A Theory of Justice* (Cambridge, MA, 2005), pp. 3–4.

道德封印牺牲"，毫无疑问，其脑中所想的是替罪羊，而非法国抵抗运动的死者。[1] 显而易见的是，当"牺牲"这个词被带入讨论，现代自由主义思想就会自发地转向家庭劳役和为了武力荣耀而死亡的议题，而非康斯坦茨·马基维奇[2]的事业或者马尔科姆·X般的殉道。

现代时期对于牺牲观念的怀疑主义如此本然，以至于掩盖了它对于这一概念的把握从来就不曾确切过。总体上说，现代对于牺牲的看法越来越趋向于将其视为一种对于价值寻求的自愿放弃。但是放弃也仅仅是牺牲的一个面相罢了，而且还不总是它的显著面相。确实，放弃在牺牲行为中能够扮演一个主要的角色。维多利亚时代的人类学家爱德华·伯内特·泰勒在其古典学研究著作《原始文化》中认为，献祭之物被神所喜，这并不是由于被献祭物自身的价值，而是献祭本身是供奉者屈从于某一珍贵之事的象征。这一祭品必须关乎供奉者的血肉之虞，如此一来臣服这一行为才能够说付出了

---

1 Jürgen Habermas, *Justifications and Applications: Remarks on Discourse Ethics* (Cambridge, MA, 1993), p. 34.

2 康斯坦茨·马基维奇（Constance Markievicz, 1868—1927），爱尔兰著名的政治家、国家主义者、革命者和女性参政权的主张者。她一生中曾多次因为参与抵抗运动而入狱，她投入爱尔兰内战中，并在战后已旅居美国的情况下，毅然重返爱尔兰，并因坚持共和思想而再度入狱，她在狱中仍然组织女性进行绝食抵抗，可以说将一生都献给了抵抗事业。——译者注

一种确切的代价。[1]然而在仪式性牺牲中，自我剥夺的首要性并非显而易见。仪式中被献祭的壮羊肥牛可以不必从你自己的战利品中抽取，而只需要尽你所能去搜集最高贵的祭品献给神即可。牺牲也不可能被完全还原为自我否弃。这一术语层次繁复——实际上，正是因为其层次显得如此繁多，一位著名的法国学者已经质疑过"牺牲"这一术语是否可以被赋予某种一般性的意义。[2]戴维·詹森是另一位这样认为的学者，他质疑一种关于牺牲的一般性理论是否有存在的可能，并转而强调牺牲制度的意义是因不同的文化语境而异的（实际上即使在《希伯来圣经》中也不尽相同）。他还驳斥了勒内·基拉尔这位牺牲理论方面的前辈，他指出后者完全忽略了这一关键点。[3]

古以色列赋予不同形式的牺牲以不同的名目，但其中没有一个名目是关于上述这类制度的。实际上对于牺牲习俗来说，没有什么本质性的东西是能够被清晰识别的，因为创世之初各种职能是以令人惊异的多样性绽开的。从一种神圣的

---

1 参看 Edward Burnett Tylor, *Primitive Culture* (Cambridge, 2010), vol. 2, chapter 18。

2 Marcel Detienne, 'Culinary Practices and the Spirit of Sacrifice', in Marcel Detienne and Jean-Pierre Vernant (eds.), *The Cuisine of Sacrifice among the Greeks* (Chicago, IL, 1989).

3 参看 David Janzen, *The Social Meanings of Sacrifice in the Hebrew Bible* (Berlin and New York, 2004), p. 3。

贿赂形式[1]（"如果你给我此物，则我将回馈以彼物"）到殉难行为，只要是关于以某人之死礼赠给予他人的行为，牺牲这一术语可以在其中任何位置找到归宿。牺牲又是一个原则不定的术语，它包含了某一范畴内的诸多行为，因而没有某种一般性的单一面相可言。它因时而异地被呈现为礼赠、贡品、契约、祈祷、交易、感激、补救、崇拜、笼络、庆祝、偿还、赎罪、圣化、抚慰、圣餐共享、友爱、净化以及免除孳债。牺牲可以关涉一种救赎性的死亡，一种对于罪恶的净化，一种对于死亡的拒绝，[2]一种神学层面上的对话，一种对于宇宙秩序的复位，抑或是为确保某种有利可图的回报而进行的审慎投资。有些人可能仅仅把牺牲视为一条仪式性的通道，或者对父权的强化，然而在其中还有另外一种社群聚合的源泉，一种至关重要的自由能量，一种由罪孽、创伤抑或是哀悼种种所贯穿的仪式性活动。吉奥乔·阿甘本认为牺牲为一种无根基的社会存在提供了一个起点和基础。[3]瓦尔特·伯克特在《戮

1　这句话来自 Nigel Davies, *Human Sacrifice in History and Today* (London, 1981), p. 24。

2　参看 Gavin Flood, 'Sacrifice as Refusal', in Julia Meszaros and Johannes Zachhuber (eds.), *Sacrifice and Modern Thought* (Oxford, 2013)。

3　参看 Giorgio Agamben, *Language and Death* (Minneapolis, MN, and Oxford, 1991), p. 105。S. W. 赛克斯（S. W. Sykes）的文章中也提出了一个类似的案例，'Sacrifice in the New Testament and Christian Theology', in M. F. C. Bourdillon and M. Fortes (eds.), *Sacrifice* (London and New York, 1980), p. 61。

人》一书中认为，在某些层面上牺牲被视为一种对动物屠戮的仪式性赎罪。[1]与此同时，牺牲也被视为一种旨在赢得上帝关注的行为，一种对于道德法、社会性法典的服从姿态，又或者某人作为国族一员的象征。如果说有些思想家认识到了这一仪式是为了得到与神的切近，那么另外一部分人在其中看到的则是对神的竭力规避。

从精神分析的视角看，通过牺牲性的自我压抑，主体才第一次得以降生；通过对于快感（*jouissance*）的转化，一种确实而又脆弱的自主性得以建立。但是，牺牲同样可以被视为一种为自我给予力量的迂回方式，而其方式就是削弱自我，这就是马克斯·霍克海默和西奥多·阿多诺在《启蒙辩证法》中所讨论的事情。[2]他们认为人性总是可以对整个世界施以更为有效的统治，其代价就是内在本性的耗尽。霍克海默和阿多诺视仪式性牺牲为某种狡诈的策略，用以哄骗和蒙蔽奥林匹斯众神。与此同时，它也被视为一种抑制人类本性的方法，因为叛逆的放纵是人类主体性的前定状况。亚历山大·科耶夫在《黑格尔导论》中，将黑格尔所持的观点解读为人类主体

1　同时可以参看马塞尔·赫纳夫（Marcel Hénaff）引人入胜、极具启发的研究。*The Price of Truth: Gift, Money, and Philosophy* (Stanford, CA, 2010).

2　Max Horkheimer and Theodor Adorno, *Dialectic of Enlightenment* (London, 1997).

将不惜冒一切风险，不惜牺牲所有性命攸关的赌注去追寻认识上的至善（*summun bonum*）。[1] 实际上，黑格尔所说的主体性本身就是一种牺牲形式，因为对于意义的应许同时就是对于存在的弃绝——或者如雅克·拉康所指出的，符号即事物之死。一旦真实被表达勘尽，被多样化的游戏所瓜分，则我们将无法重新捕获感觉上的充溢性——那种在能指诞生之前我们曾享有过的或者曾幻想过的充溢性。与此同时，黑格尔在其著作里始终都拒绝以赎罪来理解牺牲，而是将其视为一种爱与感激的行为。

6

E. E. 埃文斯－普里查德在《努尔人宗教》中，是在如下术语中论说牺牲的：赎买、偿还、效忠、礼赠、克己、驱逐、赎身、消除、契约、交易、团契、赦免以及重生。如此离散的功能似乎不可能被归结到某一单一的理论之中。[2] 凯瑟琳·麦克利蒙德提醒我们，死亡对于祭典来说绝非不可或缺：用于牺牲的祭品可以是液体或者植物，而非仅限于动物。[3] 在《创世记》中，该隐（Cain）寄望于前者的丰盈，而亚伯（Abel）则

---

1 Alexandre Kojève, *Introduction to the Reading of Hegel: Lectures on the 'Phenomenology of Spirit'* (Ithaca, NY, 1980), p. 19.

2 布鲁斯·奇尔顿（Bruce Chilton）反对这种普遍化的理论。'The Hungry Knife: Towards a Sense of Sacrifice', in M. Daniel Carroll R., David J. A. Clines and Philip R. Davies (eds.), *The Bible in Human Society: Essays in Honour of John Rogerson* (Sheffield, 1995).

3 参看 Kathryn McClymond, *Beyond Sacred Violence* (Baltimore, MD, 2008), p. 28。

恰当地选择了后者。罗杰·贝克威思指出，在基督教的"福音书"中，牺牲的观念跨越于数量众多的行为之间（称颂、感恩、祷告、见证、调停、献身于上帝及其所喜），而这些行为通常来说都不被我们归于牺牲这一标签之下。[1] 对于希伯来经典来说，阅读《摩西五经》这一行为甚至就已经算是一种牺牲行为了。

正如我们已经看到的那样，泰勒深信无论如何牺牲都是一个关于向神圣存在供奉的问题。他坚持认为，起初上帝被认为是因供奉之物自身而喜悦；而后供奉之物则在象征意义上被把握，作为虔敬和忠诚的表现；最终，供奉物的价值被视为寓于供奉者的自我牺牲当中。由此一来，问题的焦点就从供奉物转向了供奉者——从愉神转向了供奉者的精神状态。与之相反，威廉·罗伯逊·史密斯则视牺牲为一种聚众欢愉的形式，它强有力地凝结起了某种社会羁绊。马塞尔·德蒂安和让–皮埃尔·韦尔南在《希腊人的贡食》一书中也讨论了相似的案例。在《金枝》中，乔治·弗雷泽倾向于突出祭司或者国王的死亡。亨利·休伯特和马塞尔·莫斯在他们的经典作品《牺牲：本质与功能》中，认为牺牲首先是一个神圣和亵渎之   7

1　Roger T. Beckwith and Martin J. Selman (eds.), *Sacrifice in the Bible* (Grand Rapids, MI, 1995), p. 138.

间的调停区域。

　　牺牲的贡品如它的功能一样多样。正如一种弗洛伊德式的驱力，牺牲的动力似乎是非意向性的（我是在现象学的意义上使用这个词），它对于其对象的本性不以为意。埃德蒙·利奇指出，根据牺牲的不同目的，努尔人有时候也会用野生的黄瓜代替牛犊。[1]在愉神这件事情上，羊羔和牲人可能都是不错的选择。提及这些隐喻式的替代品是为了提醒我们牺牲是一种符号系统，重要的是满足这个系统，而祭品作为沟通性的符号则完全可能是任意的或者动机不明的，又或者仅仅作为能指和所指、提供者和祭品之间的联系标识，正如祭品的纯洁性同时被用来预示提供者的罪行会得到豁免。像诗学符号一样，祭品的特殊之处恰恰就在于其沟通性，因为它们富有极高的内在价值。每一次赠予都可以是换喻性的，比如寄于某人的物质资料的剩余之中；抑或是隐喻性的，比如用牲畜野兽作为人类的替罪羊。从这个视角看，由耶稣所引发的圣殿中纳贡者之间的纷争实质上也是关于牺牲符号系统的纷争，这一纷争同时也直接影响了对耶稣的处刑。[2]

1　Edmund Leach, *Culture and Communication* (Cambridge, 1976), p. 84.

2　这一事件的相关说明可参看 Bruce Chilton, *The Temple of Jesus* (University Park, PA, 1992), chapter 6。供奉物的符号学可参看 Jean-Joseph Goux, 'Seneca against Derrida: Gift and Alterity', in E. Wyschogrod et al. (eds.), *The Enigma of Gift and Sacrifice* (New York, 2002)。

牺牲最令人着迷的面相并不是关于自我的湮灭，而是自我的勃发。它关涉一种令人惊惧的能量释放，一种人类主体的转化，一股从死亡到新生的洪流。[1]如果说牺牲是一种政治行动，这绝不仅仅是因为它关心权力的增加，它并非仅仅如一个评论者所强调的："几乎所有的牺牲都是关于权力的，或者说是关于力量的。"[2]牺牲仪式确是关于消逝与耗费的，但它却是借由一种更为丰饶的生命形式之名展开的。诺维奇的朱莉安[3]在分娩中窥见了这一点，分娩之痛是欢愉的序曲。如果说牺牲涉及放弃某物，那么这也是为了更充分地占有它。正如休伯特和莫斯所注意到的："无牺牲之处，某些救赎的观念亦不可入。"[4]正如一些批评已经竭力指出的那样，牺牲制度确实呈现为很多回溯姿态。而我们也将看到，一种根深蒂固的保守实践一直都是最为重要的部分。不过在它神秘的外壳之下，有待被萃取的是其真正激进的内核。牺牲是将卑贱的、

8

---

1 参看 G. D. Kilpatrick, *The Eucharist in Bible and Liturgy* (Cambridge, 1983)，尤其是讲演四。

2 J. H. M. Beattie, 'On Understanding Sacrifice', in Bourdillon and Fortes (eds.), *Sacrifice*, p. 37.

3 诺维奇的朱莉安（Julian of Norwich，约 1342—1413），英国中世纪的著名隐修士，以其著作《神圣之爱的启示》（*Revelations of Divine Love*）闻名。30 岁时罹患重病，在已经接受了临终圣事的情况下起死回生，以其濒死体验中的诸多幻象为激励写下了著作。生平没有被详尽地记录。——译者注

4 Henri Hubert and Marcel Mauss, *Sacrifice: Its Nature and Functions* (London, 1964), p. 99.

凡俗的事物由贫弱引渡向权力一方的通途。它铭刻了由牺牲品向完全的人、由贫瘠向富足的运动，我们所知的世界正是由这些转换的域界显现出来的。这种分裂性的引渡仪式的许多表现形式就被识别为献祭。将一个对象神圣化也就是使其在某种崇高而又危险的力量的邀约下显现出来。如果说牺牲往往是暴力，这是因为它所承诺的如此深刻的变革不可能是一种温和的进化，或是一种简单的继行。

如此一来，仪式性牺牲的实践就孕育了一种特殊的睿智，至少在它尚未钝化之前，它总是试图要超越现代理性。它与一种安慰性的幻想正面对峙，后者不过是一种认为不经历彻底的决裂和重生就能有所成就的幻想罢了。牺牲受祭者的献祭是一种全然的转化，而不是零敲碎打的进化。想要毫发无损地从初始走向永恒是不可能的。因为神对于人类来说是全然的他者，任何与神的接触都意味着一种根本性的由生到死的质变之途。[1]牺牲的理念在各个方面都是对奥秘的沉思，生孕育于死亡之中，在失落与毁灭的幽暗道路中寻觅复苏的可能。丹尼斯·J.施密特曾经写道，对于黑格尔来说，"冲突、对立、否定、牺牲以及死亡，正是这些如此彻底地浸染了精

1　参看 Burion Mack, 'Introduction: Religion and Ritual', in Robert G. Hamerton-Kelly (ed.), *Violent Origins* (Stanford, CA, 1987), p. 12。

神之生命的东西定义了精神最本质的真理"。[1] 在类似的思想脉络上，米格尔·德·贝斯特吉注意到："我们应该认识到，（对于黑格尔来说），无论在历史中还是在人的身上，精神的伟大之处首先在其瓦解和死亡中，在牺牲及其挣扎中揭示自身，并且思想源于其自身的深度之中，这种深度只能来自这样悲剧性的恢宏。"[2] 前现代社会就是以相似的方式关心着生与死之间的隐秘共谋。如果说在我们的时代，祭品的香气不再能刺激神明的鼻腔，那么这在很大程度上是由于现代性将生与死这两种状态强制分离。

在一种古代的视角中，社会存在自身只能通过死亡与自我剥夺，通过疯狂和错乱的力量才能得到支持，黑格尔称之为"暗夜时代"。想要让桥梁坚固不塌，让粮食茁壮成长，就需要将献祭的牲畜尸体奠基于其下。正如 W. H. 奥登在《祷告时辰》中所写的那样，没有无辜之血的灌注，就没有能够耸立不倒的世俗之墙。死亡之力已经被嵌入生存之役，在弗洛伊德看来，正是死欲与爱欲的共谋关系将文明从泥沼中拔出。如此看来，正因有了死亡，生之价值才能被提升至核心位置。

---

1 Dennis J. Schmidt, *On Germans and Other Greeks: Tragedy and Ethical Life* (Bloomington, IN, 2001), p. 90.

2 Miguel de Beistegui, 'Hegel: Or the Tragedy of Thinking', in Miguel de Beistegui and Simon Sparks (eds.), *Philosophy and Tragedy* (London and New York, 2000), p. 27.

在瓦尔特·伯克特对于牺牲的一则评论中，他写道："在杀戮的经验中人才觉知到了生命的神圣性，生正是由死亡滋养，并通过死亡而成为永恒。"[1]他进一步说道，在部落社会中，杀戮的权力和对于生命的尊重是彼此互现的。而对于生命勃发于自我剥夺这一信念上来看，现代的自杀行为则是一种程度剧烈的反常行为。

10　　乔治·海曼评论道："在最极端的形式中，牺牲性杀戮行为就是肯定甚至强化生命自身的行为。"[2]仪式性牺牲在多个方面都是肯定性的：因为被屠戮的牺牲者是通过其死亡才得以进入永生之中的，并在这一进程中成为全能的、不可撼动的。这是因为其所带来的失落使我们更清醒地意识到生命的脆弱，而这反过来强化了我们对生命珍稀性的认识。并且因为对于侍奉者的摧毁反过来凸显了人类存在与本性的无限持存，这样一种被剥夺的生存状态就是更容易幸存的。对于牺牲祭品的屠戮指向一种发生于纳贡者处的激进的自我剥夺，反过来这又使得一种充溢的生命超逸成为可能。只有当一个人被给予了这样巨大的丰饶，正如弗里德里希·尼采所说的超人那样，才有可能感觉到一种足以使命运得以展现的自我确证。超人为了物种更大的善而牺牲了其他，但是他同样也在牺牲

1　Walter Burkert, *Homo Necans* (Berkeley, CA, 1983), p. 38.

2　George Heyman, *The Power of Sacrifice* (Washington, DC, 2007), p. xvi.

自己，向周遭进行慷慨的赋予。尼采在《权力意志》中写道："人格上富有则在个体上匮乏。充溢与赋予，固有的健康和自我肯定，这些产生了伟大的牺牲与伟大的爱。"[1]但是如果给予是如此轻易，同时充溢之物又能不断地涌出并注满空乏的深渊，那么我就很难理解如何还能够将其说成是一种牺牲。在莎士比亚的《雅典的泰门》中，泰门轻率的自我挥霍不如说只是一种自我放纵的形式罢了。如果自我的权能是深不可测的，那么对于剥夺的谈论也就没有什么意义了。

于是伯克特写道："无论是什么，倘若是被忍受且产生效用的，它就绕不开牺牲，牺牲打开了湮灭的深渊之门。"[2]黑格尔在《精神现象学》中写下这样的名句："精神的生命不是在死亡面前畏缩的生命，或者与荒芜保持不可触及的关系，而莫不如说这种生命在耐受着死亡，并且在对死亡的耐受中持存自身。"[3]他进而说道："通过在客体中永恒地出生，并在这种客体性中走向受难和死亡，在荣光中自灰烬上升，悲剧即永恒地持存自身的绝对。"[4]因此，黑格尔式的绝对在其最为内在

11

---

1 转引自 Paolo Diego Bubbio, *Sacrifice in the Post-Kantian Tradition* (Albany, NY, 2014), p. 119。

2 Burkert, *Homo Necans*, p. 38.

3 G. W. F. Hegel, *The Phenomenology of Spirit* (Oxford, 1977), p. 19.

4 转引自 Beistegui, 'Hegel: Or the Tragedy of Thinking', pp. 18–19。

的结构中就是牺牲性的，在他性（otherness）[1]中自失，而否定则作为其重建自身的序曲，坠入地狱是为了作为肯定精神的重生。有限性必须否定其自身才能归属于其自身。绝对必须通过进入物质性存在而与自身断绝，就像基督代表了父的虚己[2]自弃。在牺牲行为中，死亡绝对的本性寄于那些不朽的事物之中，在一种无可泯灭的生活形式中向着其恐怖揭示自身。对于基督教的信仰来说，只有经过死亡的失落与萃取，经过象征性的沉浸洗礼，被殉道者肉身上的征兆所哺育，只有这样一个存在者才能够被反馈以足够克服罪孽的力量（强暴、屠杀、奴役、剥削，如此种种）。如果说有些文化将这种涅槃理解为牺牲，那么在另外的一些文明里它就被称为悲剧。在有些时代或者文明中（比如说古希腊），生与死之间这种暧昧的亲和性被视为两者皆是。[3]

　　吉奥乔·阿甘本写道："在现代性中，生命的神圣性原则……可以说完全是从牺牲性的意识形态中被解放出来的。"[4]对于这种意识形态来说，日常存在总有一个污秽的暗面，在

1　本书中"otherness"一词区分出两种译法。在本章作为哲学中的概念，译为"他性"；在第五章作为与上帝相关的神学表述译为"异在性"。——译者注

2　"虚己"（kenotic）出自《腓立比书》2：7："反倒虚己，取了奴仆的形像，成为人的样式。"指耶稣自己意愿"自我排空"，完全接受上帝的神圣旨意。——译者注

3　对古希腊的牺牲，近来翔实的研究可参看 F. S. Naiden, *Smoke Signals for the Gods: Ancient Greek Sacrifice from the Archaic through Roman Periods* (Oxford, 2013)。

4　Giorgio Agamben, *Homo Sacer* (Stanford, CA, 1998), p. 114.

其纹理中是呼之欲出的血迹斑斑，因此其纪念性仪式总是追逐着这些晦暗。在人类文化的基础层面上，牺牲是一种难以逃脱的暴虐和剥夺，而这又往往被作为仪式庆祝的表象，这正是尼采的看法。用另一位评论者的话来说，牺牲所唤起的是"一种生命本源与基础层面的断裂"。[1] 牺牲能够预示一种向国族和部落起源的折返，引发对于起源之暴力时刻的沉思，而这将继续对社会性存在加以强化。总而言之，生命从死亡中诞出也就是文明自野蛮中浮现。大多数文明秩序都是野蛮行径的硕果，比如大屠杀、剥夺、霸占、篡夺甚至灭绝。国家建立者对这些原罪都是心知肚明的。正如马塞尔·德蒂安写道："祖国、财产、工作、人类居民，牺牲作为一种社会现象才使得所有这些获得信实。"[2] 黑格尔就察觉到历史是一个屠宰场，在其中上演着难以计数的牺牲。而无论如何，这些最为原始的罪责都已经深深注入了政治无意识之中，罪孽持续溃烂扩散，而我们不难发现牺牲就是这样一种缓和渠道，同样作为暴力和残忍的一部分，牺牲为这种溃败提供了一种象征性的解决方式。这种根植于象征秩序之中的真或者血祭自然无法全然地描绘原始的罪责，但就像一个潜伏在其边缘的流

1　Ian Bradley, *The Power of Sacrifice* (London, 1995), p. 70.

2　Detienne and Vernant, *The Cuisine of Sacrifice*, p. 3.

放之魂，通过一种象征性的操演能够将其唤醒，在程式化的形式中闪现，与其说是被阐明，不如说是被显现。在对于这种暴力原始行为的重新唤起中，人们认识到他们自身依赖着切实存在的乖戾，通往目的地的道路总是笼罩着陷入不敬与傲慢的危险，受制于一种难以逃脱的崇高之力。在这种意义上，牺牲又是一种对于自我宰治伦理观的批判。它使我们认识到，自我是大他者羁绊的产物。一个人的人格永远不仅仅属于他自身，而是在上帝的掌控之中。[1]

13 和弗洛伊德对于压抑的判断一样，相较于一种即刻发生的事件，牺牲注定是一种循环往复的过程。如果其表达虔敬和弥补的姿态必须永无止境地重复下去，那是因为支撑社会秩序的暴力是无法全然地从无意识层面被疏通到意识层面的。这样的集体性遗忘带来了文明的繁盛。随着社会持续繁衍出对抗和压抑，起源那血腥的轮廓被再次勾勒出来，漫长的灾难就寓于看似恰适的历史之中，而我们无法与之决裂。相反，人类叙事变成了一系列天花乱坠的创新阐释，用以掩盖其自身声名狼藉的血脉。如果我们欲求一个未来，那么这几乎就相当于要埋葬过去。

---

1 参看 Francis Young, *Sacrifice and the Death of Christ* (Philadelphia, PA, 1975), p. 112。

我们很可能会发现牺牲总是关涉一种交换的力量。想要获得更多就必须以有所失去作为代价，比如你用数量可观的牲牛从上帝那里换来一场军事上的胜利。所以在弗洛伊德那里，文明自身不过是牺牲契约的兑现。在一种幸运的过犯（*felix culpa*）或幸运的堕落中，我们以自己的压抑和神经质为货币来供养我们的教堂和其他公民机构，切实地失去欢愉，又或者被剥离出我们具有实感的肉身之负，以此作为我们被许可进入语言、身份以及符号秩序的代价。做出牺牲的人类主体取悦着客体，它之所以能做到这一点就是因为一种更深层次的交易，或者说一种原始性的财产剥夺行为，在这一层面上，主体性自身就是建构性的。人类历史根植于一种自我剥夺，它是如此的根深蒂固，以至于任何痊愈都无从谈起。如果说在前现代文化中是上帝在滋生我们的羞恶之心，那么在弗洛伊德的观点里，在现代就是父权或者说超我呈现为一种纯粹死欲驱动之下的文化形式。在牺牲、赎罪、死亡、强制重复、符号性漂移、时间悬停的仪式当中，驱逐某些难以名状的羞恶欲念以及自我湮灭的冲动，两者聚拢为一种致死的综合征。仪式性牺牲如同神经性疾病一般，其本身是一种 14 问题的征兆，但同时也为其提供了一种双重解决方案。只有通过推翻惩罚性的父权律法，才能将这整个致死的宿命弃置一旁。后面我们将会看到这正是耶稣受难的部分意义所在。

＊　＊　＊

　　让我们暂且转向一种显白的关于暴力与文明之间关系的例子。一个文明的建立是维吉尔《埃涅阿斯纪》中的最终归旨，但文明的建立也是一个麻烦丛生的落脚点。上帝在其中被拆解弥散，先知可能隐退，而言语也变得模棱两可，狂妄自大则可能喷薄而出，去损坏那些最恰适的命运走向。这恰如弗洛伊德所言，爱欲总是在寻找归家（死亡）之途，其方式是通过一系列的对于生的脱轨与改道，所以埃涅阿斯（Aeneas）的历史任务因为各种情节而裹足不前，那个他无法活着看到的未来就是他的乡愁所在。他必须从这些阻碍中抽身而出，离开痛不欲生的狄多（Dido），抵御那些过早来临的居留地的诱惑，将它们甩在身后（色雷斯、克里特岛、迦太基、西西里岛）。爱欲也许是文明进程的推动力，但是在爱之纷扰的形式中，文明的进程也命中注定要受其阻挠。在诗中，色欲之爱总是表现为一个引发暴力、疯狂、毒害、戕害、灾祸和致命折磨的病原，由此欲望必须被搁置，如果融贯的叙事锋芒没有被分解得支离破碎，那么现实原则往往会获得战胜快乐原则的许可。埃涅阿斯继承了其家族的血脉，承担着一个神圣的宿命或者说历史使命，背负着种种属性，他就不再是一个自由的能动者，如果要建立文明，他就必须舍弃自己的欢愉。与此同时，其间各种曲折以及结局的偏差正是建构起这一故事本身的东西。仁慈的朱诺无力阻止特洛伊人最终到达拉丁姆[1]，但是他可以通过煽动战争来延迟胜利的到来，而如果没有这种延迟，则叙事也就无从存在。

在弗洛伊德看来，爱欲总是在其消逝处才发觉自己已经开始，正如自我在死亡中才找到了庇护所，就像一个令人喜悦的国，它曾兴盛，而后却踏上了时运不济的旅程。狄多在自杀行为中发现了自己的庇护所。色欲作为累退性质的满足具有一种泯灭叙事的倾向，恒久地想要返回之前的情态，并由此对作为城邦创建物和历史方案的爱欲造成威胁，但那依然是退行与进步兼具。埃涅阿斯寻求建立罗马的行为更像是一种向起源的折返，因为特洛伊自身就是由意大利勇士达耳达诺斯（Dardanus）所建立的。作为第二个特洛伊，罗马是对起源的重复，是对爱欲时间性的消除。与此相同，先知混淆了时间，将未来折入现在之中。正如拉丁姆这个名字所暗示的，它是一处藏身之所，一个萨图恩（Saturn）在逃避朱庇特（Jupiter）时所寻找到的避难所，遍体鳞伤的异乡者终会在此处安歇，正如在弗洛伊德理论中饱受摧残的自我也终将找

1　拉丁姆（Latium）的词源为原始印欧语系中的"stela-"，意为"延展""扩展"，有"平坦之国"的意思，与山地区域相对，更适宜于人耕作居住。——译者注

到其安息之地。

因此，维吉尔伟大的史诗所记录的，正是罗马的史前暴力，它从战争的纷乱和万物的混沌之中勾勒出了一段流畅的叙事，而文明正是从这些难以驾驭的强力之中抽取出自身一段连贯的轨迹。特洛伊战争中的强掳和残暴是罗马的黑暗之渊，而埃涅阿斯，这座城遥远的祖先则是一名被放逐者和流亡者，无根的领袖，无所顾忌的奋勇之士，战争中浴火幸存之人，他正是过去与现在之间脆弱的纽带。不过这段关于一场无意义的战争以及充满恶意神灵的历史，通过诗本身被转化成了辉煌当下的序曲。其他杂乱的插曲则被织入天命延续的严丝合缝之中，被炼金术般地淬炼进神圣的国运。我们知道埃涅阿斯必会达成他的使命，因为诗本身就存在于其所被打磨成的光环之下，国家的硕果近在眼前，而其自身野蛮的开端得以被纵览，从而确保屠杀的历史已经被恰当地终结。罗马现在所行使的主权超越于各种权力之上，这也意味着必须磨灭掉其所形成的过往，去抹杀那些时常将埃涅阿斯及其同伴玩弄于股掌之中的人。国运叙事于是就战胜了一种前历史的灾难叙事。

然而，文明一旦被建立，那些血腥的叙事也就沁入其骨髓，无法被缓解。因此与所期望的相反，它很大程度上是那类冷峻传说的不断延续——以一种更高层次的野蛮形式，也就是说以律法、君权和普遍秩序的形式被保存下来。文明社会所

16

伴随着的无止境的帝国扩张就被证明为应许之地的反面，正如罗马将那些与其自身的兴起形影不离的破坏和屠杀加罪于弱势民族，于是，往往与《埃涅阿斯纪》中所叙述的不同，其所追溯到的国之根源并非国家诞生的光辉时刻，而是那些荣光湮灭的场景。暴力就是文明沐浴在文明化的条件中持续走向兴盛的前奏，通过某些方式，暴力会被一些文明教条和治理技术所缓解，但是也在以另外一些方式被强化。除此之外，无政府主义的力量则被纯化为律法的合法暴力，从而保证像《埃涅阿斯纪》这样的国家史诗能够被书写。正如斯拉沃热·齐泽克所提醒我们的，这样的律法代表了"钳制暴力的暴力"。[1] 在这种被许可的肇始于官僚机构和军事力量的侵犯之中，野蛮与文明几乎难以区分。文明的最后保证则是由国家裁定的死亡。[2] 不过，这样的情势本就是自始至终被期盼的。瓦尔特·伯克特写道，在神话中，"与文明化生活之达成同时相伴随的往往是被撕碎的生物和食人的故事这些最令人毛骨悚然的传说"。[3] 在神话的两面性中，也在赐福与诅咒均被视为神圣的耦合中，人们能够瞥见死亡和分裂正潜伏在和平与繁荣的源头里。

---

1 Slavoj Žižek and Boris Gunjevic, *God in Pain: Inversions of Apocalypse* (New York, 2012), p. 62.

2 在《神圣的恐怖》（*Holy Terror*, Oxford, 2005）一书中，我曾更为详细地讨论过这些问题。

3 Burkert, *Homo Necans*, p. 45.

在埃斯库罗斯的《俄瑞斯忒亚》中，恐怖力量的阴云笼罩于文明的前哨之上，预示着文明将被塞回羊水当中，而这种恐怖之力最终会在文明的边界被供奉，正如复仇三女神（Furies）被转而认作欧墨尼得斯（Eumenides）或是仁慈女神。[1] 在前现代时期，恐怖的人物必须被甜蜜地讲述，如此巧言令色地被塞入一种城府极深的叙事，这使得这种恐怖似乎是发自善心而又被归置得当的，而正是由于这个原因，可怖与圣洁之间暧昧的界限才被用"神圣"（sacred）这个词来指涉。正是这样的胁迫无迹可寻地渗入社会秩序，由此它便是恰当的、崇高的，并且由内面转为外向性，化为抵御城邦之敌的力量。在一种醒目的悖论当中，暴力是从泥沼中解救文明之力，如今则化为律法形式保护文明免于外来侵略与内部动荡。野蛮与文明与其说是前后相继的，不如说是同时发生的，与其说是连贯的历史阶段，不如说是一枚硬币的两面。我们必须认识到，那些建构起人类文化的力量同样也有能力撕裂它。

在另外一些方面，牺牲也试图探索调试致命之力的方式，

1　阿伽门农进攻特洛伊时为平息风浪而献祭女儿，遭到妻子的复仇。其子俄瑞斯忒亚杀害其母为父报仇。复仇三女神遂追逐这位杀母凶手，使其长期流亡。后经阿波罗指引前往雅典接受雅典娜的制裁，最终在公民表决中以雅典娜最后一票被判无罪。而为了平息复仇三女神的怒火，阿波罗和雅典娜承诺她们将会被雅典人当作公正无私的女神来供奉，转而成了城市的守护者。故之后改称其为仁慈女神。——译者注

诱发其潜在的创世之力，去认识其所依赖的神圣或魔鬼的能量是如何比理性更深入骨髓，且同时还依附着文明的宣言。理性若要发挥权能，就必须对自己些许的力量有所意识，去照亮被黑暗和空无阴云笼罩的前线。在这一层面上，《俄瑞斯忒亚》中的真理也就是欧里庇得斯《酒神的伴侣》中的真理。自我必须建立在无我之上，没有痛苦和恐怖，则律法与秩序也就无所从来，城邦只是野蛮的一个改进版本——虽然这一点显然已经被它抛诸脑后了。想要在这些神圣力量的角力中获胜，你就必须在它们之中寻找一种象征性的身份认同，但正如《酒神的伴侣》中彭透斯（Pentheus）的遭遇那样，这种身份并不来自某个确切的安顿之所，而是最终把你撕得支离破碎。向权能致以应有的敬意并非对于它们的屈从。相反，它们必须被融入社会秩序当中，尤其是融入律法崇高恐怖的形式当中，只有这样，对于政治权威的认同才能够通过威权得到强化。而这里的麻烦在于，威权如何就能够支撑起这种认同而不是摧毁它。牺牲总是离不开弱者积怨的暗流涌动，而对于宰治权力的谦卑服从则总是伴随着反叛敌意的死灰复燃。因为无论谁想要通过展示其倾向的优越性来向你传达某种赞同，那么你因其慷慨而产生的感激之情就必然被某种实际的不满所反噬，两者必会纠缠在一起。为了缓解这种敌意的罪责，于是在律法成为超越我们所在的永恒之前，我们必须一再修复祭坛，永远处在对于纯净的、无瑕的自我克制的追寻之中，一刻不得安宁。

＊ ＊ ＊

　　人类的仪式性屠戮（至今这一习俗仍然兴盛不衰）如何
让位于谷物与牲畜献祭，以及在现代这种行为又如何转向一
种更深刻的转替，这些现象可以重建一种叙事，以说明牺牲
行为在转向内化的同时也伴随着升华。而现在，它被重塑为
一种凌驾于我们混沌欲望之上的内在胜利，一种对于自律与
自我压抑的审讯。牺牲是现代纪元中自我宰治这一迫切欲望
所投下的阴影。詹姆斯·乔治·弗雷泽如是说："当然，这不仅
仅是对于神职人员而言，而是对全人类皆是。当文明与人道
的进程匍匐缓行，仪式中孑然显现的残酷事实则随之在一种
神秘主义神学的朦胧抽象中被软化和稀释。"[1] 弗雷泽对于牺牲
性仪式和神秘主义神学之间关系的论述了了，但事实上后者
升华了前者的暴力，并将之灌注于恭顺公民的自我宰治之中，
这至少表征了一种所谓仪式性杀害的发展。

　　在霍克海默和阿多诺的《启蒙辩证法》中，文明的历史就

1　James George Frazer, *The Golden Bough, Part 6: The Scapegoat* (London, 1913),
　p. 411. 对各种不同文化的牺牲实践的调查可参看 Brenda Lewis, *Ritual Sacrifice*
　(Stroud, 2001)。

是牺牲内化的历史。[1] 马克斯·韦伯认为进步的理念已经呈现了死亡无意义的观念，将其仅仅减损为一种朝向未来永恒生命的转化而已。我虽身故，其种犹在，日新月异。但即便如此，我们还是会主张人性的前行必然会将过去与现在献祭于未来的祭坛之上。《启蒙辩证法》看到了这种自我作为牺牲性存在的深层结构，餍足需要被延迟，历史才能被分娩。只有通过断然地放弃自我才能维持社会秩序的稳定繁荣。从这个层面看，从卢梭和康德到孔德和弗洛伊德，牺牲就如此潜伏在现代社会秩序的基础之中，其重要地位与它在古代别无二致。

对于另外一些人来说，自我被牺牲于其上的祭坛并不是社会，而是艺术。从福楼拜到乔伊斯，艺术家成了世俗世界 20 的神职人员，日常生活中的亵渎性质料被他们淬炼为某些珍稀之物。因为艺术家仅为其艺术本身而献祭自己的存在，他是神职人员与受害者的双生体，在这一次层面上他形同殉道者。这就像耶稣一样，沉沦于斑驳的裹尸布与石冢之中，[2] 溺于人类的卑劣与信仰的丧失之中，只是为了将其熔入一种永恒

1　也可参看 Paul Connerton, *The Tragedy of Enlightenment* (Cambridge, 1980)。

2　斑驳的裹尸布与石冢之中（in the foul rag and bone shop of the heart），该句出自叶芝最后一部诗集中的作品《马戏团动物的逃亡》的最后一句："现在我的阶梯已经消失 / 我必须平躺在阶梯最初的起点 / 在心灵斑驳的裹尸布与石冢之中"。"裹尸布与石冢"的意象来自《马太福音》关于耶稣安葬的段落：耶稣的门徒约瑟在耶稣殉难后请求取得耶稣的遗体，并将其用细麻布裹好，安放在磐石凿成的坟墓中，几天之后耶稣复活。——译者注

的炼化，将其中可憎的质料内化入一种不朽的光辉之中。这就是一种自我剥夺的想象形式，即自失于对象之中。不过同样也正是依靠这种恒常的涌动，这种想象形式才能够超越其自身，使自我得以被切实地强化。

随着时代的变迁，牺牲的理念从一种仪式性的屠戮事务转为关涉道德行为的问题。不过在《希伯来圣经》中，这两个视角彼此钳制，相持不下。那些文本是如何在仪式性牺牲之上被欣然接受的，关于这一点不乏争议。事实上确实存在一种强有力的先知传统对其加以谴责。"我喜爱良善，不喜爱祭祀；喜爱认识神，胜于燔祭。"先知何西阿以耶和华之名如是说（《何西阿书》6：6）。在《阿摩司书》中，上帝告诉以色列人他鄙视他们的牺牲庆典，并唾弃他们焚烧的祭品。相反，他呼唤正义能如江水滔滔。[1]在《耶利米书》中，上帝提醒他那些病态般崇拜偶像的人民，他不会强令牺牲祭品。[2]《以赛亚书》中愤怒的神祇告知犹太人，他对燔祭感到恶心，飘向天堂的烟令他作呕。他们本应在丰沛的威力之下保护贫弱，而

---

1 这是对于正义情态的一个著名修辞（"he calls for justice to flow down like water"），马丁·路德·金曾在其著名演讲《我有一个梦想》中引用过同样的句式："我们不会满足，将来也不会满足，除非正义如江水滔滔，正直如河流连绵（justice rolls down like waters, and righteousness like a mighty stream）。"——译者注

2 耶利米对牺牲的拒斥可参看 Jacob Milgrom, *Studies in Cultic Theology and Terminology* (Leiden, 1983), chapter 10。

非去行这些空洞的劝慰仪式。以赛亚谴责那些因制造牺牲而染血的手，谁为了神圣能一劳永逸就染指血腥，谁也就已经被不虔诚所玷污。马克斯·韦伯据此提出在《希伯来圣经》里存在一个"伦理转向"，这一转向对峙着所有"众所周知的关于死去的或复活的植物神，或者其他神祇和英雄的神话"。[1]

实际上，有大量的证据表明，《犹太圣经》中的上帝并不会对仪式性的牲畜屠戮感到喜悦。这些牲畜的尸体为博取他的注意被推举到他的眼前，但他对这种贿赂无动于衷。他之所以不会被这样的邀请哄骗，是因为他是一位"非神"（non-god），是一位关于贫乏的神，而不是关于燔祭的神。但同时这也因为他是一名无法捉摸的他者，这也是为什么伊斯兰教中同样拒斥与真主进行象征性或者牺牲性交换的可能。[2]无论如何，这样的虔诚确证仪式对于野蛮之力的抚慰从未成功过，它从未彻底完成对于社会秩序的底层夯实，这也就是为什么这样的仪式总是被强制性地一再重演。燔祭和屠戮牲畜的转喻序列是无止境的，它必须寻求取悦上帝，而后者又对于这种交涉免疫。同时这种转喻也寻求对于罪孽的偿还，在其中

1　Max Weber, *Ancient Judaism* (Glencoe, IL, 1952), p. 375.

2　伊斯兰教的历史上曾经出现过对于真主的"拟人派"与"肉身派"的象征性理解。在教义学（凯拉姆学）的发展中，穆尔太齐赖派明确反对象征主义理解真主的拟人派和肉身派，强调真主本体和属性的统一。——译者注

我们体会到一种隐秘的满足。神越是呈现出丝毫不受影响的一面，越是轻蔑地唾弃我们微不足道的祭品，我们身上的罪孽和不确定性也就积累得越多，这又进而迫使我们一再地前往祭坛，如此陷入一种偿还失败的恶无穷之中。神要求牺牲，但这也只是一个颇堪玩味的游戏，因为他们意识到一个事实，即我们无法安抚作为超我的他们，而自我则永远无法与冷酷无情的绝对律令相匹配，我们就是处于这种受虐的意识当中。这就像拉康理论中的主体永远也无法确定他是否被他者所辨认了，所以上帝对于我们的哄骗总是以模棱两可的预示和捉摸不定的信息来回应。激进新教教义中"隐藏的上帝"（*deus absconditus*）形象令人捉摸不定并感到不安，这就像我们不知道如何满足一位任性的摇滚歌星，或者一个爱慕虚荣而又情绪化的人。只有当祭品所表达的谦卑换来现实中的力量，这样的牺牲才可谓是有所结果的。在新耶路撒冷将不再有仪式性的狂热行为。[1] 在律法降临之前我们得不到公正的审判，那些暴怒和怀恨都是由我们的自我践踏所煽动的。不过即便如此，通过逢迎神祇以让他们满足你的欲望，你似乎就达成了一种超越于神祇之上悦人的胜利，当你谄媚地对他们卑躬屈膝时，他们也同时屈从于你的意志。

---

1 "新耶路撒冷"是《启示录》中约翰所见的降临之国，指耶稣基督重临，新国度被描述为由金银珠宝打造，在其中神与人同在。——译者注

然而，耶和华并非如经典中所通常表现的那样是一位易怒的神祇，似乎时时都需要服侍。一位深爱自己造物的神祇时刻准备迎接由其造物带来的死亡，在这一点上他并不需要什么宽慰。作为一种互惠的利益交换的牺牲观念——物物相抵（*do ut des*），或为了回报的给予——并不是《希伯来圣经》的典型特征。如果牺牲事实上是一个融贯于《旧约》的观念，它就是关于爱、颂扬、悔改、感恩以及诸如此类的事情，而不是神的游说。这一点是尤其需要强调的。古代人民在操演牺牲的时候往往不对神祇存有情感上的揣摩，或并不去想象神是被他们所迷惑的对象。这是一件远为审慎的事务，它并非一种用以取悦耶和华之心的宗教极端行为。"燔祭和赎罪祭非你所要"，《诗篇》第 40 章曾如此申明。在《马可福音》中耶稣坚持说，爱上帝这件事情本身胜过所有牺牲和燔祭行为。即使在"第二以赛亚书"这样大量传递上帝本意的文本中，也只在一个场合略微提到了关于牺牲的事情。[1]《希伯来书》中警示道："公牛和山羊的血，断不能除罪。"（《希伯

---

1 《旧约》中的《以赛亚书》共 66 章，一般称前 39 章为第一部分，这一部分的主要内容是关于耶和华如何惩罚犹太人不认识神，借以赛亚之口预言了犹太人会被巴比伦掳去的命运。"第二以赛亚书"通常指 40—55 章，也称为"安慰书"，这一部分主要内容是神对民众的安慰。此处作者提到的关于牺牲的场合应为 43：22—24，此段落中上帝责备民众说，上帝并没有对于献祭的苛刻要求，但民众仍然不肯转向上帝。——译者注

来书》10：4）因为这一使徒书信的存在，牺牲体制在基督救赎中的意义就有了最终的结论。整个宗教崇拜之事——瓦尔特·本雅明在他的文章《命运与性格》（*Fate and Character*）[1] 中称之为异教之罪与赎罪的无尽之链——如今被洗涤了、超脱了（*dépassé*），废止并完成了。这也就是说死亡无须被纳入一种强制性的循环。《希伯来书》的作者以一种率真的态度指出，如果仪式性牺牲果真已然功成，那么它就本该被废止，因其已经达成了它的目的。[2] 正如斩首死刑，它的决绝也只是凸显了它的无能为力。C. F. D. 莫尔就写道："牺牲的重复就是对其自身的控诉。"[3] 所有的仪式性牺牲均以失败告终，于是只能一再重复，尤其是一再地寻求对于无动于衷或存心报复的神祇的安抚，而这些神祇又全然不被巧言令色所迷惑。

在一项权威研究中，罗伯特·J. 戴利指出《新约》中对于仪式性牺牲的问题存在着暧昧之处。耶稣显露出对于这一行为些许正面或者至少说是中立的态度，但是他从未有一次展现出对于它的热衷。另一方面，如果他真的拒斥牺牲，那么

1　收录于《本雅明选集》（英文版）第一卷中的文章。本雅明在该文章中认为悲剧所要表现的并不是对于罪的弥补，即回归某种原初的道德秩序，而是在对于罪自身的展现中提升自己，这也就是悲剧英雄的命运。——译者注

2　关于《希伯来书》中的牺牲可参看 F. W. Dillistone, *The Christian Understanding of the Atonement* (Welwyn, 1968)。

3　C. F. D. Moule, *The Sacrifice of Christ* (London, 1965), p. 23.

正如葆拉·弗雷德里克森所指出的，他本应与他所处时代的犹太人甚至外邦人划清界限。[1]《马可福音》中的耶稣对于传统犹太习俗表现出了一些敌意，而在《马太福音》里则没有。"福音书"反对仪式性牺牲的相关性证据并不难找到。"有一个更为令人惊异的几乎不可能做出的主张"，耶稣非常激愤地将另外一件事情置于这类仪式备受尊崇的地方——犹太人的圣殿之上（"但我告诉你们，在这里有一人比殿更大"），这是戴利结论的依据所在。[2] 在保罗的《哥林多前书》中，是人类的躯体和基督教社团构成了新的圣殿。现在，神圣的竞技场是由诸人类屈身朝向一个他者的在场，是一个现象学的空间，而非一个地理意义上的区域。而这一礼拜空间既是移动不居的，又是潜在的大全，而仅仅作为圣殿则无法如此。在《使徒行传》中，保罗和巴拿巴将动物牺牲斥为一种全然的无用。尽管撒玛利亚人绝不是犹太牺牲仪式的恋慕者，"福音书"仍然将撒玛利亚人树立为道德典范。《新约》由此可以被如此解释，即它是关于耶稣主张用爱和服侍取代仪式性牺牲的文本。圣约翰从道德视角而非宗教仪式的角度谈论牺牲。它关涉将自己的生命委托给他人，因此是一项伦理政治（ethico-political）事务，而并非首先是对于遵守宗教仪式的苛求。如果仪式性牺牲真的

24

1　Paula Fredriksen, *Jesus of Nazareth, King of the Jews* (London, 2000), p. 209.

2　Robert J. Daly, *Christian Sacrifice* (Washington, DC, 1978), p. 213.

有意义，它也只有在这样的语境下才有意义。在古希腊时期也有同样的反对。恩培多克勒和泰奥弗拉斯托斯[1]都曾予以斥责。瓦罗否认上帝需要鲜血，而塞涅卡则坚持牺牲的本质并不在于杀戮牲畜，而在于那些敬爱奥林匹斯众神之人正直的品性之中。萨摩萨塔的琉善（Lucian of Samosata）则声称，无论谁去因循牺牲仪式，都只能换来对于他们愚蠢的嘲笑。[2]

以色列人的被放逐以及圣殿的毁坏都迫使牺牲的道德或者说精神层面的意义走到了前台，牺牲失去了合适的施展空间，对于这一行为的仪式性视角也就行将终结。现在，它被虚拟化和内在化了，它仍然残喘于人们的心中和灵魂里，就像一个失落的领袖或者半湮没的起源。正如迈克尔·费希班指出："牺牲的终结是必须被正面应对的，并且拉比犹太教的这一缺口也必须被填充，这就必须要达到其最内在的，也是最真的（道德的）源泉。"[3] 剪除了其仪式性的语境，牺牲这一

---

1 泰奥弗拉斯托斯（Theophrastus，公元前370—前285），柏拉图与亚里士多德的学生，古希腊著名植物学家。——译者注

2 Guy G. Stroumsa, *The End of Sacrifice* (Chicago, IL, and London, 2009), p. 59.

3 参看 Michael Fishbane, 'Aspects of the Transformation of Sacrifice in Judaism', in Roger Beckwith and Martin Selman (eds.), *Sacrifice in the Bible* (Grand Rapids, MI, 1995)。恩斯特·卡西尔（Ernst Cassirer）曾描绘过印度教传统中类似的发展，他认为从早期吠陀经（Vedas）向奥义书（Upanishads）演变，献祭的供奉物越来越内在化（*The Philosophy of Symbolic Forms*, New Haven, CT, and London, 1955, vol. 1. p. 224）。

行为的精神性意义才更容易被恢复。爱与仁慈的行为开始取代谷物的纳奉或者羔羊的血涌，这种取代被视为是可贵的。虔敬的精神在上帝尊威中才是伟大的，而不是在山羊或者一把谷物之中。在野兽之祭中必然产生自大和固执的品性。对于牺牲的类巫术视角而言，赎罪是"行必有其果"（*ex opere operato*），似乎仅仅通过仪式中的处决就可以达成。这样的立场必须要让位于一种伦理意识，即燔祭之所以具有合法性，仅仅由于祭品是作为悔过和人道的能指而出现。先知们所展开的争论也许都是反对仪式的具体化，而非反对制度本身。祭品中被点出的是自私自利，向他人的完全屈从。殉道者游斯丁（Justin Martyr）写道："祷告和感恩……是唯一完美的并令上帝喜悦的牺牲。"[1] 牺牲由此就成了自我牺牲。根据奥古斯丁的《上帝之城》，这一习俗的核心就是爱与仁慈。与此同时，人们自从属于圣殿之人变成了从属于典籍之人。圣殿的失落意味着上帝的在场需要到经典中寻找，而不是在物质性的空间里寻找。因此，就像耶和华一样，书写超越了逻辑的窠臼，同时也不再被牢牢钉死在某种彻底决定性的意义上，取而代之的则是一个更加恰适的理解。

1　转引自 Johannes Zachhuber, 'Modern Discourse on Sacrifice and its Theological Background', in Julia Meszaros and Johannes Zachhuber (eds.), *Sacrifice and Modern Thought* (Oxford, 2013), p. 16。

不过即便如此，绝大多数评论者还是争辩说牺牲的仪式性和伦理性意义在《新约》中根本上是冲突的。[1]《诗篇》第51章就宣称耶和华对牺牲仪式并不喜悦，因为"神所要的祭就是忧伤的灵；神啊，忧伤痛悔的心，你必不轻看"。不过在同一段落里，也呼吁"公义的祭和燔祭并全牲的燔祭"，而没有凸显其中的不一致性。这两种意义凝聚于耶稣受难之中，而这凸显了肉体牺牲和精神上的自我剥夺之间的关系。此外，最为极端的对于仪式性牺牲的批评则认为，由于圣殿的失落，牺牲制度被暂停了，但这纯粹只是临时的悬停。

26 　《新约》必须去重述的叙事并不是一种文明化精神的历史演进传说，它所讲述的不是从杀人的牺牲走向某种关于这一行为更为改良化的版本，实际上它所要讲述的恰恰相反。这个传说是关于作为无私奉献的牺牲何以在国家权力的手中以血腥的行刑而告终。（丹尼斯·特纳说道："耶稣是以大多数

1　例如可参看 Chilton, *The Temple of Jesus*, pp. 124 and 133, 以及 Jonathan Klawans, *Purity, Sacrifice, and the Temple* (Oxford, 2006)；对《旧约》中的牺牲具有决定性说明的是罗兰·德·沃克斯（Roland de Vaux）的权威著作《古代以色列》（*Ancient Israel*, London, 1961），第四部分，第十章；J. 斯金纳（J. Skinner）在《预言和宗教》（*Prophecy and Religion*, Cambridge, 1992）中认为牺牲与《旧约》无关，R. E. 克莱门（R. E. Clements）在《预言和圣经》（*Prophecy and Covenant*, London, 1965）第二卷中反对了这一点；也有对这一行为进行了革新性的女性主义批评的，参看 Nancy Jay, *Throughout Your Generations Forever: Sacrifice, Religion, and Paternity* (Chicago, IL, and London, 1992)。

人认同的绝对正义而被行刑的，这种认同来自一个堕落的执委会，它恰恰代表了最具宗教性的民众。"[1]这种权力恰是这个世界中的权力，它忠于如耶稣受难这样的事件所展现的东西，倾向于去对抗统治阶级，威胁其稳定性。对于这种放逐的热衷往往是国家政治统治爪牙下血腥死亡的序曲。所以塑造黄金牛犊[2]这一行为中所潜藏的暴力撩起了政治建制的淬炼之火。正如一名评论者所言，十字架上的暴力"根本不是神圣暴力，而毋宁说是一种被掩盖的人类暴力，它是通过嵌入偶像化上帝的意志之中才被神圣化的"。[3]耶稣之死的革命性并非如勒内·基拉尔所讨论的那样，首先是撕去了牺牲制度的面具揭露其野蛮，而是它点破了统治权力本来就是野蛮的。纯粹的牺牲者不再是那些完全脱离道德概念的弱小生物，而是出自无可置喙的判决，在其执行者手中，进击的恶性政治如猛虎出笼。如今，核心问题由安抚上帝转而变成了政治谋害。牺牲的传说倾向于一个自我闭合的循环，（如其所设想

1　Denys Turner, *Thomas Aquinas: A Portrait* (New Haven, CT, and London, 2013), p. 188.

2　出自《出埃及记》。摩西上山领十诫，久而未归，以色列人以为摩西已死，在其领袖亚伦的纵容和埃及人风俗的影响下自己塑造黄金牛犊作为偶像，触怒了神。"黄金牛犊"由此常被用来指世俗权力的建立和背神的偶像崇拜。——译者注

3　Robert G. Hamerton-Kelly, 'Sacred Violence and the Curse of the Law (Galatians 3: 13): The Death of Christ as a Sacrificial Travesty', *New Testament Studies*, vol. 36 (1991), p. 113.

的）始于对人类的屠戮，进而走向某种确切的象征性代理机制[1]，而接下来又突然切换了轨道，也就是说转向了伦理领域，而后当压抑达到极致的时候，将再一次转向对于某一躯体的损毁。

在一种怪异的辩证转向中，此后最野蛮的人类行为之一（人类牺牲）又伪装成殉难而再度出现，并被视为最为崇高的伦理行为之一。[2]髑髅地是一个屠杀的场景，就像一座染满鲜血的牺牲祭坛，但是它同样也是一处价值超然之地。在这种双重的面相中，它与悲剧剧场有着令人惊奇的相似。此处上演的剧情就是耶稣献身于正义与团契，而他也因此被送上了十字架。他同那些寄居于正统社会边缘的人们休戚与共——那些男女的存在意指一种非存在，这预示着他也以其自身的非存在被带到了城市的边缘。在耶稣属人的躯体上，那些被保罗称为世间残渣的人们从根本上被引领，向着荣光上升。由此，一种国家的野蛮行为同样意指一种政治暴力的象征性

1　代理机制（surrogates），意思是指人通过连接到另一个异质体而让对方代理自己的一些事物，与一般性的替代性代理不同，强调一种内部关联基础上的代理互助。一般指人与机器智能体之间的代理互助关系，也指代孕。——译者注

2　人类牺牲的研究可参看 Dennis Hughes, *Human Sacrifice in Ancient Greece* (London, 1991)；也可参看 Carol Delaney, *Abraham on Trial* (Princeton, NJ, 1998)，以及 Beate Pongratz-Leisten, 'Ritual Killing and Society in the Ancient Near East', in K. Finsterbusch, A. Lange and K. F. Diethard Romheld (eds.), *Human Sacrifice in Jewish and Christian Tradition* (Leiden and Boston, 2007)。

毁灭。现在，权力根本上掌握在那些在传统上一直被唾弃，如同草芥蝼蚁一般的人们手里。如果文明的这一建基行为涉及一种驱逐的姿态，新的政体便逆转了那种压抑，犹如路面石被建筑者掀翻，转而成了某种新制度的基石。

正如阿甘本在《神圣人》中所评论的，在这一场景中，耶稣"保留了驱逐的原始意义，通过它，政治尺度才得以第一次被建构"。[1] 神圣律法现在成了一种颠覆性的存在，正义的主张正反抗着权威的傲慢。耶稣凭此所布施的友爱便是那极具侵入性的东西。真正的权能绝不与现状妥协，弱者的相互支持乃是其力量的源泉。他的死亡是"胜利的失败"，如果从尼采那里借取一个段落来解释，那么耶稣的生命本身即作为一种自由决断，当其他人都被恶劣的情境所驱使，耶稣却以其虚弱进入其中。[2] 羸弱会被拯救，这往往是被希冀的唯一持久的力量，但正如索尔·贝娄笔下的摩西·赫索格（Moses Herzog）绝望地发现，世界对此无动于衷："这一代人认为……没有什么忠诚、易朽和脆弱是持久的，或者说具有任何真正的力量。" 又如约翰·米尔班克所评论的那样："如果我们所有人终究是脆弱不堪的，那么我们短暂的生活就会被设想为具有终极价值，

28

1　Agamben, *Homo Sacer*, p. 83.

2　关于尼采"虚弱思想"的相关阐释，可见詹尼·瓦蒂莫（Gianni Vattimo）《现代性的终结》（*La fine della modernità*）一书。——译者注

因为我们能够完全地为他人贡献我们的生命。"[1]

髑髅地上所发生的一切，其核心价值并不是对于牺牲的简单否定，而是一种对牺牲的扬弃（*Aufhebung*）。这一行为既是已达极致的，同时又是被废止的。让－吕克·南希认为基督教精神关涉一种"牺牲的牺牲"。[2]十字架即代表了一种古代的牺牲传统，同时也传达出了它的触底扭转。如果说它将仪式性的屠戮寄于愚昧的过往，那么这说明它自身确是一个血腥而又野蛮的行径。对于 D. R. 琼斯来说："牺牲在很大程度上是血腥的牺牲"，他认为无论以什么形态，习俗逐渐精神化的过程都是基于此，在很多宗教传统中这一点屡见不鲜。[3]用某位学者的话来说，《希伯来书》"在牺牲系统的运作之中肯定并对其进行转化"。[4]如此一来，它便具有了一种在严格意义上的解构主义意味，它从牺牲之中占有了牺牲自身的内部逻辑，从而去揭露它致命的弱点。《希伯来书》中的耶稣是一位已然进入圣殿禁区的人，他所进入的是一个独为祭祀阶层而保留

1　John Milbank, 'The Ethics of Self-Sacrifice', *First Things* (March 1999), https://www.firstthings.com/article/1999/03/004-the-ethics-of-self-sacrifice (accessed 30 October 2017).

2　Jean-Luc Nancy, *A Finite Thinking* (London, 2003), p. 51.

3　D. R. Jones, 'Sacrifice and Holiness', in S. W. Sykes (ed.), *Sacrifice and Redemption* (Cambridge, 1991), p. 132.

4　Marie E. Isaacs, *Sacred Space: An Approach to the Theology of the Epistle to the Hebrews* (Sheffield, 1992), p. 92.

的区域，通过这种侵入，耶稣使这块神圣的飞地解体，它曾是圣俗之间不可逾越的隘口，这古老的设定曾被庄严的协定所荫庇，而如今已被丢入历史的废物箱。一种血腥的政治谋杀现在占据了至高至圣之所。神圣的时空如今已然终结，因为殉难的发生不再受到它的约束，而所有那些能够在血腥之中认识自我的便都是潜在的殉难者，他们在耶稣之死中受到了洗礼。他们必须自己制造这种谦卑的失败。只有通过这样的效仿，他们才能达到真。

耶稣已然进入至圣之地，他将要提供的不是牲畜而是他自己，用自己的血肉替代那圣殿（它意味着政治权与祭祀权的整全装置），并且通过这一行为将仪式性牺牲推向末路。长久以来，祭品被源源不断地摆上祭坛，但是一旦有一人拒绝这种换喻或者说象征性的替代主义，以自己的生命取而代之，那么过往的做法就将被废止。[1]用阿兰·巴迪欧的术语来说，耶稣的受难与复活构成了一个"事件"，这是一个与仪式性牺牲贫瘠的前历史相决裂的革命性转型。它开创了一个崭新的未来，在这种未来的愿景中没有圣殿，也没有宗教狂热。[2]对于巴迪欧来说，这样的事件是彻底本原性的，那些准奇迹的发生全然就建立在事件自身之中，纯粹决裂或者说最原初的起源时刻就

1　参看 Moule, *The Sacrifice of Christ*, p. 23。

2　参看 Alain Badiou, *Being and Event* (London, 2005)。

如此地从其历史性"设定"之中脱轨，超出其历史语境，从经验性的状况中一跃而出，（宛若）无中生有（*ex nihilo*），事件是无法被预先估量的。因此，在髑髅地之后，复活这一事件就渗入了信徒们失败主义的灰暗当中，伴随着一种达达主义发生学般的混乱，一种不可思议的关于上帝之国的先锋派现实随之被开创。不过，这种全新的造物只有借耶稣的另辟蹊径才成为可能——牺牲制度如今已然彻底地被超越了。

第二章　悲剧与受难

　　在《德意志悲苦剧的起源》中，瓦尔特·本雅明的悲剧理论与基督教的耶稣受难观有某些切近的地方。对于本雅明来说，悲剧的本质就是牺牲，却又蕴含了一种独特的双重性：如果它是一种古代律法中对神的宽慰，那么它同样也掀起了一种革命性的新秩序，其承诺了对于恩典宽恕机制的破坏。正如西蒙·斯帕克斯写道："一种赎罪的牺牲往往是在古代律法中寻章摘句，而悲剧性的死亡也是本着新共同体的律法精神从中撕下那些篇章，在葬礼祷告的仪式中，随英雄的身体一起将其托付给灰烬。"[1] 对于本雅明来说，悲剧既是古老的，又是先锋的，并且与他所关心的现代性问题息息相关。它表现了两个时代之间的转折和过渡，从宿命到自由，从神话到真实，从赎罪仪式到道德政治，从属神的压迫性秩序转向属人的救赎，这些转换在悲剧性的牺牲中得到了表现，而主人公

1　Simon Sparks, 'Fatalities', in Miguel de Beistegui and Simon Sparks (eds.), *Philosophy and Tragedy* (London and New York, 2000), p. 203.

的死亡则标识出了流溢在这些转化之间的躁动不安。

如果以一种牺牲仪式的标准条件作为参照，那么耶稣受难几乎没有恰适之处，这就是为什么耶稣受难被认为是一种极致的牺牲，从而在相当大的程度上转变了牺牲的概念。一方面，人类供奉不再理所应当地属于犹太教；而另一方面，这一事件不发生在祭坛，没有神职人员履行神圣仪式。耶稣不是神职阶级中的一员，相反他只是个没有名分的外来者，他从外乡加利利随风偶至，可能只是一个石匠的儿子。不洁的祭品自身无法涤净，笼罩着受难的诅咒。耶稣是一个神秘人（*ungeheuer*），是神圣人（*homo sacer*），是一个被放逐的动物或被污染的生物，在宇宙或象征秩序中无处安身。无论如何，坚称这样一个明显不是牺牲的事件为牺牲，是为了提取沉没于牺牲神话之中的某些真实之义。它之所以是一个牺牲行为，是因为它是一条通途——一个谦卑的受害者由此从赢弱变得富有权能。[1]没有谁能够由朝生暮死成为永恒而又毫发无损。抹杀一个献祭之物也就是使其摆脱属人的俗世领域，由此珍贵之物得以再度浮现，在神的领域伴随着新的意义而再度被孕育。这些神圣的存在完完全全超越人性之上，任何

1　参看 G. D. Kilpatrick, *The Eucharist in Bible and Liturgy* (Cambridge, 1983)，尤其是讲演四。

与他们的接触都将带来一种彻底的质变，如死而复生般的
转变。[1]

如果耶稣受难是对仪式性牺牲的摒弃，那么这同样也
是因为十字架代表了一种黑色喜剧或一种狂欢闹剧的拙劣模
仿，施惠者和受惠者在其中的关系是以一种讽刺性而被重构
的。[2] 现在，上帝自身是被放血的受害者，那么进一步的，以
宽恕之姿放任刽子手，这一行为也就凸显了刽子手们意识上
的荒谬。这一事件是一个谋杀的行为，同时也是一个宽恕的
行为——不仅仅是对这事件本身来说，同时也是对于其他罪
行而言。耶和华的纯粹威力并非被抹去了，而是被重新阐释
了。耶和华确实令人感到震慑，但是现在，他作为某种崇高
者所被揭示的却恰恰是他拙朴的无条件之爱，就像威廉·戈尔
丁的小说《品彻·马丁》里那道毁灭的黑色闪电所象征的东西
一样。对亨利·休伯特和马塞尔·莫斯来说，牺牲在人性和上
帝崇高的暴虐之间插入了一个保护性中介（也就是牺牲祭品
自身）。[3] 但在耶稣受难中则正好相反，神圣之爱仿佛以其毁灭

32

1　参看 Burion Mack, 'Introduction: Religion and Ritual', in W. Burkert et al. (eds.),
　　Violent Origins (Stanford, CA, 1987)。

2　参看 Robert G. Hamerton-Kelly, 'Sacred Violence and the Curse of the Law'
　　(Galatians 3: 13): The Death of Christ as a Sacrificial Travesty', *New Testament
　　Studies*, vol. 36 (1991), p. 113。

3　Henri Hubert and Marcel Mauss, *Sacrifice: Its Nature and Functions* (London,
　　1964), p. 98.

性的烈度全然地施加于耶稣的躯体，仿佛一种被放任的力量刺穿羞耻与死亡，在另一个维度上放射出来。

上帝在痛苦和恐怖之中，所进行的是自我剥夺，它对其自身施以一种极端的批判，一种对于将他作为长老或者君主形象之偶像崇拜的批判。救世主耶稣自身以一种英勇的姿态被钉于十字架之上。受难的弥赛亚这样的一个观念就像一种难以表述的道德上的冲击，撞击着那个时代每一位犹太人的心灵。唯一良善的上帝就是死掉的那一个。而在耶稣的十字架上那反讽的标语——"犹太人的王，拿撒勒人耶稣"——则可以被读作一种造作的断章取义，就相当于今日"巴恩斯利[1]的弗雷德·史密斯，宇宙之主"这样的戏谑一样（拿撒勒也是一个闭塞的穷乡僻壤）。这一事件如此就将牺牲制度推向了一种超现实的极端，并且一次性地完全免除了牺牲的必要性。一位无差别的博爱之神被他自己的造物所撕碎，这一诽谤性的、不成体统的黑色漫画式情形，其闹剧的成分并不比主题严肃的悲剧成分少。如果说它是可怖的，那么它同样也令人尴尬。与激起苦涩的同情之泪相比，它似乎更可能引起一阵歇斯底里的笑声。这幅有点怪诞的图像显现了这样一种愿景：一位仁慈的上帝翩然而至，来拯救他的人民，但这种拯救却

1　巴恩斯利（Barnsley）是位于英格兰北部南约克郡的小城镇。——译者注

只能在一场政治骚乱中由人民亲手缔造的拯救者之死来达成。
髑髅地是一个野蛮造作之地，同时也是酷刑的场所。

* * *

在流行的悲剧理论中，英雄的悲剧往往来自对征服的执拗，他们对自己的命运逆来顺受，却又以极端的行为去超越它。一种自我的消解意志同时也就是自我的提升意志，因为只有意志上的决绝才能够如此无畏地处置自我。最高的自由在于自我选择灭绝。决然拥抱自己的灭亡，这就是悲剧英雄所展现的人类不屈不挠的精神，这种精神在其华美的荣光中闪耀不熄，而这光芒的背后则是他们自愿的自我献身。于是在同一个姿态中，英雄的死亡既是失落，又是获得。正如在殉道者身上，自由只有通过其反面才能够达成，而确证则来自对这一反面的拒绝。悲剧英雄即"有罪的无辜"，像被命运胁迫的俄狄浦斯一样，尽管他们已然预想到了自己的所作所为最终会万劫不复，但他们仍愿意承担自己的命运，拥抱自己的罪孽。如此一来，蔑视与屈从在此处便不偏不倚地交融，反抗与权威、意志与律法、精神与自然被熔为一炉。在这里，悲剧本质上是一个关于谐和的问题。[1]在一种尖锐的反讽中，

1　参看 Peter Szondi, *On Textual Understanding and Other Essays* (Manchester, 1986), pp. 43–55。

其想要解决的是一个据说难以调和的冲突，而这种张力就是我们所知的悲剧。

进一步的，英雄在屈从于他的命运时，也让那伴随着他的至高力量显露出来，这种力量就潜藏于他自由选择的源头。为了自由的受难之中有着一种内在的必然性，因此自由和命运就被揭示为同一。此外，自由只有在世界的顽抗经验中才能够觉知自身，它顽固地阻碍着它自身的预想，所以同样的，在这一意义上自由和命运也就如此紧密地联系在了一起。没有阻抗的自由将会是单纯的内爆。由此，在主角的庄严被显露之时，悲剧同样也颂扬着主角所自愿屈尊的律法。在弗里德里希·席勒的作品《强盗》的结尾，罪孽深重的卡尔·穆尔（Karl Moor）将自己移交给了曾经冒犯过的法律，只为了"向全人类证明他们那无可动摇的威严"。道德秩序被悲剧性牺牲修复了。这部戏剧因此向即将发生的法国大革命传达了一个有益的信息。自由必须被认可，但是其途径必须诉诸法律和秩序，这种悖论正是悲剧所给出的范例。悲剧性自由就是政治自由的真实本质。

而对于观众来说，在这些悲剧事件中所受到的熏陶同样也是一种历练。当他们离开剧院时，他们是带着对于生命之脆弱更为敏感的意识离开的，但与此同时，对于生命价值的意识也被强化了。不仅仅是人自身，受造物的毁灭显示了它们的脆弱和无常，由此反而对永恒施以敬畏。在人性的解体中，我们是绝对之显现的见证者。最卑微的人性能够触及这一崇高状态的方式，就是去承认其自身的有限性，在接受死亡的决断中得到一种至善的认同。正如弗里德里希·施莱格尔写道：

> 牺牲背后所隐藏的意义就是，有限性正是有限之毁灭的原因。为了去证明这就是那唯一的正义，一个人就必须去选择牺牲，无论如何这就是至善至美的。但是独特的人啊，世间的嫩蕊……人只能牺牲自己……在一种毁灭的热情中，神圣创造的意义才第一次被实现了。只有在死亡之中，永恒生命的雷霆之光才得以绽放。[1]

35

尤金·奥尼尔曾写道："我所想要的，就是当一个观众离开剧院的时候，他是带着一种狂喜离开的，因为他目睹了舞台上的某人直面他的生命，当他与不朽的可能性对峙，他不但没能取胜，而且更可能发生的是难以避免地被征服。个体生命就是通过这样的挣扎才获得了意义。"[2] 这就是某一个时代

1　Friedrich Schlegel, *Lucinda and the Fragments* (Minneapolis, MN, 1972), p. 253.

2　转引自 Raymond Williams, *Modern Tragedy* (London, 1966), p. 116。

的美学，对它来说失败比胜利更为常见，但纵然如此也绝不放弃一种肯定的意识。在认识主角的过程中，观众知晓了一种自我撕裂的快感，它来自一种体无完肤的解体，观众将他们的必死性转嫁到了主角的肩上；但与此同时，他们又可以在主角的半死不活中体验施虐的狂喜，并由此沉迷于一种令人欢欣的关于不朽的幻想之中。观众的生命现在可以一直从主角的生命那里获得供养，直到一名新的牺牲受害者出现。这就是为什么悲剧能够让见证者在死亡中忍受真理的残忍，而这一情形就是我们生命中之所是。除此之外，当我们以不同的架构和风格表现死亡时，悲剧艺术就暗示了一条超越死亡的通道。它最深刻的艺术形式即一种神义论，它构建了一种象征性的胜利，凌驾于其内容的恐惧之上。与此相反，西奥多·阿多诺则反对通过某种美学的风格化在人类的恐惧中探寻某种意义。在他看来，这样一来受难中的某些东西就被扣除了，而受害者则很可能因此蒙冤。[1]

我们前面所勾勒的悲剧意识形态同样能够在谢林和荷尔德林的作品中找到，我们可以在对于耶稣受难的必胜主义读法中寻得这一踪迹。这一视角冒着赞美死亡的风险，放大了悲剧英雄的意志并将其理想化。同时，这其中也存在着超越性

1　参看 Theodor Adorno, *Notenzur Literatur* (Frankfurt-am-Main, 1974), p. 423。

36

贬值的风险，人类的苦难似乎就没有得到真实的清算。在这个层面上，悲剧的美学意义在日常观念中俯拾即是。弗里德里希·尼采以一种更为高昂的悲剧必胜主义视角来处理这个问题。对于这种真正的悲剧视角来说："生命本身，其永恒的丰饶与周而复始，创生的折磨、破坏、毁灭的意志"，所有这些都因而必须被决然地予以肯定的接受。尼采宣称："悲剧的人对甚至最为残酷的苦难也予以肯定：他相当强壮、丰富、能够虔诚地去这么做。"[1]悲剧之神狄奥尼索斯展现了纯粹的享乐，死欲之下不洁的欢愉，狂喜之中极乐的孕育，还有最原初的痛楚。这种勃发的毁灭之力唤醒了个人生命诸多形式的茫茫星宇，却又只是要将其引向毁灭，从而证明了其自身崇高的不灭性。悲剧英雄是纯然非凡的造物，通过其死亡，狄奥尼索斯式的不可思议的深渊才能够被平复。英雄从自身的毁灭中捕获了一种原始的快乐。他们本可以屈从于由同情所带来的堕落的安抚，却仍然在痛苦中思索这种狂喜的确切代价。在苏格拉底所处的破败时代，一出严峻的悲剧是唯一的希望所在。

这一悲剧理论只有在基督教教义中才得到了最为清晰的显露。对于尼采来说，这就成了一个狄奥尼索斯对抗耶稣受

---

1 Friedrich Nietzsche, *The Will to Power* (New York, 1967), p. 543.

难的问题。"十字架上的上帝"沉溺于受难之中，其关涉那些最为病态和卑贱的理由。伴随着病态的自我弃绝仪式，基督教的道德代表了一种纯粹的死欲文化，自我折磨被抬举为一种美德。尼采写道："对于无私、自我牺牲、道德者的颂扬……已经在任何层面上都不再是源于无私的精神了！"[1]尼采在《偶像的黄昏》中，尖刻地评说了康德的道德哲学，将其说成是"一种走向抽象的献祭于摩洛神[2]的牺牲"。[3]然而，虽然看法不同，但尼采也并非彻底拒绝牺牲的观念。对他来说，这一问题可以被朴素地表述为，牺牲并不是为了重塑而必然进行的解体，而是所有他者都必须为了自身种属的进一步繁盛而解体。为了超人的勃发，数不胜数的低级样态需要被压榨、剥削甚至清除。与其放任自己被令人作呕的同情之毒污染，一个人更应该从他人的痛苦中收获愉悦。我们所拥有的人性是牺牲艰辛锻造的产物，自反和自我毁灭，落入其自身的怯懦、自虐以及负罪之手。但是，这种痛苦的生活将为更高等的生命在未来迎来辉煌的全盛期打好基础。正如我们所心知肚明的那样，人总是被一种恶毒的永劫掌控——欲望、

---

1 Friedrich Nietzsche, *The Joyful Wisdom* (London, 1910), p. 60.

2 摩洛神（Moloch），需要用牺牲活人才能取悦的神，传说中长着牛角，能够制造干旱和洪水。——译者注

3 Friedrich Nietzsche, *Twilight of the Idols* and *The Anti-Christ* (London, 1990), p. 134.

进击、罪孽和自我嫌恶的周而复始，它们将人置于祭坛之上，只有如此一种更高的物种才能出现。而道德则是最糟糕的疾病，甚至能够摧毁人这一物种，它最终将人导向一种生命强化的终结。令人毛骨悚然的整个历史中，人被规训、被削弱、被精神阉割，退化为一种懦弱、温顺、自我折磨的公民。在尼采看来，这就是超人到来的基本历史语境，他将从道德和牢笼中挣脱出来，在对顺民的高声呵斥中以自己的价值立法。牺牲因这一历史意义而具有合法性，但是它也同样需要在当下被赋予永恒的价值，这是因为病态、虚弱和退化仍然以物种进化的名义在当下得到安置。尼采在《权力意志》中讨论道，如果基督教有什么是应该被斥责的，那是由于它在各个方面都多愁善感地要求没有任何一个人应当为整体的人类利益而被献出。尼采自己的观点是，真正的慈悲恰恰要求最无情的压榨，而以其虔诚对抗这种观点的基督教信仰则是一种伪人道主义。事实上，进化可以凭借其引发的牺牲烈度而被确切地衡量。如果法国大革命及其民主平等主义的后果是被轻视的，这一定程度上是因为如果所有公民都平等，那么牺牲就不再可能。

与这种对于牺牲的社会达尔文主义描述相反，尼采反对被他视为谄媚的自我鄙薄化的基督教视角，屈膝匍匐的姿态实际上只是一种弱者积怨的狡黠伪装。不过尼采也同样毫不

38

掩饰地斥责耶稣受难将这样一种牺牲带向终结。在他看来，这表现了一种古怪的情况，即上帝作为一名债权人，最终自己踏入尘世来赦免人类的债务。[1] 如果说十字架对于牺牲仪式的渲染是浮夸的，那是因为全能者（上帝）在此展现了他迄今为止最为壮观的神迹，将原罪、过失、惩罚以及淫秽的欢愉带向一种至高无上的完满，从个体的手中将其接管。以一种顺势疗法的风格，牺牲就是以致命的剂量杀死自身的毒药。牺牲之所以被废止是因为上帝有足够的权能来实现这样一种神迹，而并不是因为他丰沛的爱与仁慈淹没了牺牲。

尼采错误地相信基督教是在受难中找寻价值。正相反，耶稣从来不曾劝慰那些围绕在他身边的病患和残疾之人对自己的不幸听天由命。与那个时代的神话一致，他似乎反而把这样的折磨看作撒旦的作为。在被捕之前他不禁悲恸，祈求自己能够免于即将到来的折磨和死亡。如果折磨和死亡是不可避免的，正如殉道者所遭遇的那样，那么这就是悲剧所给予的教诲，教诲人们要将不可避免之事收归己有，积极地将自我剥夺毕生贯彻，从而为新生奠基。这种被迫接受的自我剥削是一个可以抓住的契机——将之转换为另一种关于爱的

39

---

1 恩斯特·布洛赫评论道，赎金、债务和债券的语言被用于受难，这是属于"恶魔的法理学"（*The Principle of Hope*, Cambridge, MA, 1995, vol. 3, p. 1266）。

自我摒弃。正是在这个意义上，耶稣将自己的命运转化到了他的现世决断之中，转化到了一种古典悲剧主角的姿态之中。正如玛丽·道格拉斯所写的："当某人自由地拥抱死亡的象征，或者死亡本身……一种被应许的强大的趋善力量就会随之释放。"[1] 并且，如果一个人不是在一开始就被感召才克服万难地去展现道德勇气，这就是更恰当的情境了。这就是说，本需要证明的是它作为悲剧事件的必然性，而不是一个给某人秀自己道德肌肉的天赐良机。

耶稣也许是一个悲剧主角，但是他没有被塑造成一位英雄人物。他在十字架上哭诉："我的神，我的神，为什么离弃我？"在质问中他设想了一个大他者的存在，却只能以悲哀的语调或责问的态度呼唤他。似乎就在这冷酷无情地拒绝干预的姿态中，这位冷漠而又渺远的造物主承认了自己真正的无效化，也由此剥夺了耶稣可能得胜的布道。牺牲在传统上就是对于上帝主权的虔敬，而在耶稣受难的示例中，似乎要么是在证明上帝的虚弱，要么就是证明上帝的冷漠无情。正如尤尔根·莫尔特曼所说，耶稣的恸哭在某些方面是一种祈求（事实上它取自一首赞美诗，就像耶稣自己的生涯一样，这首诗也有一个更积极的终章），他祈求上父不应当自毁信誉，在

1　Mary Douglas, *Purity and Danger* (London and New York, 1966), p. 179.

高深莫测的沉默中证明着自己的非存在。[1]耶稣的行为在大他者那里没有得到支持，就好像天堂之门仍然如此不祥地关闭着。他对于上父忠诚的爱只得到了冷冰冰的毫无回应。正如所有真正的信仰行为那样，他的自我臣服因此必定是无源之水。然而如果它是毫无根据的，那么在这一观念中支撑它的上父就是一个深不可测的爱的深渊，而不是一个形而上的可靠保证。是上帝本身就在耶稣信仰的起源之处，就像一个能够让他的欲望有所归因的对象，那么在这一意义上，耶稣就没有被抛弃。相反，上帝在耶稣受难的场景中就是此在的权能，他赋予耶稣否弃自身的力量。

所以，上父实际上回应了他的孩子——不是以一种来自天堂的声音，而是在对于尘世权力的轻蔑鄙视中，自死亡中将其提升。正如此，在这一谋杀之谜中，上帝才被揭示为"以父之名"（*nom du père*）的他者——一种缔结于失败与贫弱中的超越形式，其也是对于"死亡—交易"法则的反叛，正是这一法则让他的儿子陷入进退维谷的境地。正如 G. K. 切斯特顿评论的："一个好人有可能会走投无路，这对我们而言并不稀奇，但说神也会走投无路，这永远都只是叛乱分子的

1　参看 Jürgen Moltmann, *The Crucified God* (Minneapolis, MN, 1993), pp. 150–153。

大言不惭。"[1] 作为崇高超我或象征秩序监护者的耶和华因而是被罢黜的。这一与致死之力誓死对立的力量就是支撑耶稣自我献身的力量，而非象征性的保证或者所谓的主人能指[2]。耶和华的宽恕用 C. F. D. 莫尔的话来说，就是一种"对于（人类有罪）这一糟糕境遇激进的、激烈的、绝对的最终接受"。[3] 在这一幕中，真正具有压迫性的上位者并非上帝，而是帝国制的罗马及其官僚。耶稣呼喊他的上父的行为可能是词不达意的（为什么会允许这样糟糕的事情发生？），但是这一行为仍然是他自身存在最核心的欲望所在，在某种程度上这一行动 也就是我们将耶稣称为"上帝之子"的意味所在，而一个人的存在之所以是自由的存在，也正是因为他屈从于这一欲望。

上父不被归于某一主体，或者被某一图像所描摹。他之所以能够被认识，仅仅是通过信念的馈赠。对于这一神性唯一可察觉的记号，就是髑髅地的蒙羞崩塌，正如关于未来唯一真实的图像就是当下的失败。耶稣的忠诚溺于尘土，在十

---

1 G. K. Chesterton, *The Man Who Was Thursday* (Harmondsworth, 1986), p. 183.

2 主人能指（Master Signifier），法国哲学家雅克·拉康提出的一个概念。他认为主体间并不存在一个平衡的交往空间，而总是由某种不言自明的"主人能指"所确保的，由此才能防止符号秩序链上归因的无穷倒退，比如"就是这样""这一点不言自明"。提出这样一个概念，其后果就是暴力被认为是交往当中自发的、普遍的，而不是一种被施加在某种"正常关系"之上的外来力量。拉康认为我们的语言就是在主奴对抗的关系中展开的。——译者注

3 C. F. D. Moule, *The Sacrifice of Christ* (London, 1965), p. 28.

字架上被还原为必死的躯体，降格为让渡性的幻觉，这种感觉属于那些本就把上父视为一个"假设知道的主体"[1]的人。或许这里可以做一个不太合时宜的比较，上帝对于髑髅地的沉默也许可以类比于精神分析学家的沉默，后者拒绝大他者或者超验的担保者的角色。正是这种对安慰性字词的拒绝——任何关于补偿的空头支票或者对于天堂的望梅止渴——撕碎了所有充盈的幻想，耶稣被抛向他唯一可以依凭的纯粹的信仰。接受大他者的非存在，死亡的邪恶图像沉没于上帝自身之中，主体假设了自身的空乏，它接受了自己身份的无根性，忠诚的爱无法给予它依凭。这种空乏被以"字面意思"呈现于死亡之中。正如埃里克·桑特纳所说："那么，我们应当说作为社会化的动物，人类之所以容易受到真理力量的影响，仅仅是因为他们的动物性和生物性被一种受迫之力强化，一种遭遇空乏的焦虑。"[2]

斯拉沃热·齐泽克追随雅克·拉康，把牺牲看作一种填补大他者令人焦虑的不完全性的意图，否定这种匮乏是为了维

1　假设知道的主体（ *sujet supposé à savoir* ），拉康使用的一个术语，指我们为了回答某个问题而假设某样东西的存在。——译者注

2　Eric L. Santner, 'Miracles Happen', in S. Žižek, E. Santner and K. Reinhardt (eds.), *The Neighbour: Three Inquiries in Political Theology* (Chicago, IL, 2005), p. 120.

持一种幻想，即大他者是全知全能的，是自我一致的。[1]这种拜物教，或者说对于充盈的幻想正是偶像崇拜的基础。上帝应该是匮乏的或者是被象征性阉割的，这样的想法是不可容忍的。也没有人会去轻易地拥抱这样的神祇——他将自己呈现为血肉模糊的躯体，而这样的形象与人过于切近，因而容易滋生人类对他的轻视。比如，格雷厄姆·格林小说的一个重要主题就是上帝可怜的弱点令人尴尬。如果一个人全然地接受一个神祇，那么他理所应当地会选择令他对所受惩戒甘之如饴的那一种。一个懦弱、毫无立场、始终优柔寡断的上帝是不值得在对其的信仰中安顿自身的。耶和华不可忍受的虚弱，他深不可测的爱与慈悲，这一切都因而要被一种妄想式的上帝形象所掩盖，即上位者以及绝对权能者的形象。他能够作为敌对者和控告者（这就是"撒旦"在希伯来语中的意思）出现，通过惩罚我们的越界来揭露我们的罪孽，在这一进程中用自我禁欲来抵偿我们淫秽的欢愉。拒绝这种偶像崇拜也就是和拉康一道主张大他者只是一个假象。无神论者和信众至少在这一点上可以达成共识。上帝不是一个极具权能的可怖存在，这也是为什么他不能因巧言令色而被取悦，或

1　参看 Slavoj Žižek and Boris Gunjevic, *God in Pain: Inversions of Apocalypse* (New York, 2012), pp. 55–56。

被靡靡之音所安抚，牺牲也因此就是多此一举的。因为在十字架上，耶和华被揭示为协助者、爱者和共同赴难者，他渴求安慰的形象被逆转了，而这也是仪式性献祭得以可能的必要性所在。屠戮动物是不需要以超越的神圣力量之名才能实行的，因为这一上帝就是动物自身。如果说偶像崇拜被希伯来经典禁止了，这也是因为耶和华唯一的可见形象只能是人类的血肉之躯。正是由其肉身所激发的对于同类的怜悯撕碎了他作为一个需要被安抚的暴戾君主的形象。一旦能够认识到这种生成中的父与子的关系，律法就会向宽恕让渡，而牺牲则会被宣布为多余。正是在人类主体深不可测的深渊中，一种拒斥一切表征的虚无，能够瞥见神性之否定性。

在齐泽克的笔下，从悲剧到喜剧之旅就是一个人从同一性被主人能指保证的境遇——一种主权形式，它将意义和一致性信托于某人的人生，但是其代价便是在诉求平等这件事上悲剧性的失败——滑落到缺乏任何保障的境遇中。反之，在从崇高向荒谬的转变中，喜剧主体则由"小他者"（*objet petit a*）的同一性所支持——用一些多余的碎片、创伤性内核或者微不足道的真实残屑去颠覆一切象征性同一。[1] 耶稣本身就是废弃物或者说被排出的剩余物，是已经被象征秩序证明

1　参看 Slavoj Žižek, *The Ticklish Subject* (London, 1999), p. 161；以及 *The Fragile Absolute* (London, 2000), chapter 4。

无法调和的东西，因此才被当作废物如此堂而皇之地被抛弃，但也正是在这种屈辱之中，秩序的裂隙和局限才得以被揭露。如此一来，一种新的赦免可能性也同时被揭示出来，正如革命性的逾越节，弃旧迎新，改变了现存象征秩序的坐标。也许有人会说，在"悲剧"模式中，被钉死在十字架上的耶稣准确地说是在上父或者主人能指的命令下才得以在他"喜剧"的失败中活下去的，因此和悲剧英雄主义不同，他是被要求这样做的。于是在悲剧中英雄气短，他所遭遇的不过是上父想要的。但是与这种看法相反，耶稣变得无关紧要，在这种情境下至高与至低合二为一。能够逃脱象征秩序的即是那些太过琐碎以致无法被表现，但又同样如此崇高的东西。只有被还原为这样的否定性存在，耶稣才能够成为真正的神迹之所在。只有被刀刮斧割，他才能够完全占据神子的角色。"你想要如神一样？你是说你真想要被钉死在十字架上吗？"这就是基督教"福音书"中令人战栗的玩笑。

就像所有革命性行动的施行者一样，耶稣必须如一个主体那样经受一种激进的自我剥夺。经受洗礼的主体在象征形式中忍受着一种相似的自我匮乏，通过仪式性的沉溺被暴露给死亡驱力的创伤，由此一来便可以将激进的否定翻转入一种新的创造当中。耶稣将他的死亡视为他所经受的洗礼。只有通过与自毁欲望（*thanatos*）的遭遇，只有在极限的人类经

44

验当中，一个真理性事件才能够被开启，在这条危险之途中，它是主体至关重要的排空和重建。再次回首耶稣的遭遇，我们会看到这样的一个人，他对所有的指派与头衔都小心提防，他是一个空的能指（empty signifier），拒斥一切对他贴标签的行为——无论是出于恶意的归罪，还是善意的认定，因此他才被认同为基督。对他的门徒来说，平日里的等级、区隔和身份差异也就因此而消失。接受十字架的感召就是在回应真实的过程中，去拒绝我们在象征秩序中被安排的位置，像一柄利剑那样去撕裂它。[1] 耶稣以传教的名义将人们从家庭关系的绑缚中解脱出来。现在，荣耀属于那些信他言辞的人们，而正是这样的人们始终处于世俗统治的屠杀威胁之中，同时也处在那些仍然屈服于黑暗力量之人的恐吓之下：横征暴敛者、穷兵黩武者、视财如命者、贪图权力者、巧言令色者等等。真正的转化行动源于象征秩序的贫乏和裂隙，所有这些皆是"雅威的贫穷者"[2] 或者说被剥削者的所指，耶稣将这些人的命运视为己任。当保罗说基督的信众是地上的余垢和残渣时，他的真意正是如此。正如他自己也是一个因贫困而求助

---

1 参看 Alain Badiou, *Saint Paul: The Foundations of Universalism* (Stanford, CA, 2003), p. 71。

2 雅威的贫穷者（*anawim*），此处是指寄望于天主的人（犹太教称上帝为雅威）。——译者注

的人，无家可归、流离失所、一文不名，没有伙伴也没有职业，耶稣于是就道成肉身地化为他的生活形式，在象征秩序的核心充实了真实的空乏。

就像雅克·德里达评说亚伯拉罕那样，有的人可能会说耶45稣"已然公开放弃了获胜的可能，不期待回应，也不是期待补偿，他不再期待能有什么被返还给他……而就在这一绝对弃绝的顷刻，同时也是他决定牺牲的顷刻，上帝向他显现并予以其至高的回馈"。[1]赫伯特·麦凯布写道："对全然的失败、死亡和受难都逆来顺受，然后把这些都归于上父的意志。"[2]又如让－吕克·马里翁如此评论这位艺术家："即使不知道会发生什么，不知道他是会逝去还是被救，他还是一开始就将自己献出。"[3]索伦·克尔凯郭尔在《致死的疾病》中着重写道："此处的悖论在于以人的立场来看，毁灭是确实的，然而可能性却仍然存在。"而在《恐惧与颤栗》中他又写道："悲剧英雄为了获得更加确实的而放弃了眼前的确实性。"[4]而与之相反，被他称为信仰骑士的人则感觉不到脚下有任何坚固的立足之

1　Jacques Derrida, *The Gift of Death* (Chicago, IL, and London, 1996), pp. 96–97. 对亚伯拉罕被传唤来杀死以撒的极具学识的论说可参看 Larry Powell and William R. Self, *Holy Murder* (Lanham, MD, 2007)。

2　Herbert McCabe, OP, *Hope* (London, 1987), p. 4.

3　Jean-Luc Marion, *The Crossing of the Visible* (Stanford, CA, 2004), p. 54.

4　Søren Kierkegaard, *Fear and Trembling* and *Repetition* (Princeton, NJ, 1983), p. 60.

基。就像亚伯拉罕受命献祭自己的儿子一样，他忍受着孤独与丧子之痛，承担着某种信仰的重负，而这种信仰以世俗权威的立场来看则一定呈现为冒犯和荒诞。只有当十字架在悲剧的弃绝中被矗立为最后的终点和绝对，它才是两者皆非的。只有经历彻底的死亡，而非将其视为越向永生的跳板，对于死亡的超越才能被证实为可能。因此，将牺牲说成对于死亡之现实性的否定是不明智的。[1]恩斯特·布洛赫如此描绘共产主义者的殉道，他说"耶稣复活日并不是对受难日的缓解甚至取消，在复活日，他将亲身切己地重新觉醒，去复活"。[2]但是这仍不足以表述耶稣之真，他被复苏的躯体继续显现着他所遭受的折磨与死亡的印记。

这种观点和某种施莱格尔或者尼采式的观点不尽相同。对于他们来说，悲剧所盘旋的领域与贞操被夺或者媒难这样的事件相距甚远。与之相反，在我们谈论的观点中，悲剧所代表的是一种世俗的神正论。如果一个人恭从于他受难的命运，那么这同一顷刻也就是其自光辉中被提升之时。毁灭要比灾难更值得祝福。狄奥尼索斯与十字架受难之间的对立代表着两种截然不同的悲剧观之间的分歧，归根结底其中至关

---

1 这一观点由加文·弗拉德（Gavin Flood）提出。Meszaros and Zachhuber (eds.), *Sacrifice and Modern Thought*, p. 128.

2 Bloch, *The Principle of Hope*, vol. 3, p. 1172.

重要的是人类真实的苦难。那些十字架上的受难者在经受苦难这件事情上似乎比神更加严肃，因为对他们来说，被一寸寸撕裂这件事情本身即是一种极致的自我承认。基督受难坠入地狱的传说就是用来摧毁那种不成熟的必胜主义观念。这是一种对于恐怖的回避以及对于死亡力量的毫无感知。在此，伴随着一种对于人性价值的极度蔑视，地狱所指的正是意义与价值在虚无主义的细碎笑声中解体。除非耶稣的救赎行为能以滑稽的叫喊和做作的恸哭逢迎这些淫秽的窃笑，否则它就是没有意义的。在这些哄笑中能够听到的即拉康所说的"不愿受骗者"（ *les non-dupes* ），那些人的幻觉就是会去相信他们已经凭借一个幻觉知晓了一切的意义。借用齐泽克的说法，耶稣必须要在真实最赤裸的无意义中接受真实——一种源自象征秩序坏死及内爆的愚人行径，这正是耶稣的死所意指之事。

＊　＊　＊

要确实，要合法，这是必须的。但是伴随着这样一种必然要求，恋物与偶像崇拜也总有可能脱胎于其中，正如那些被律法压迫的总是渴望着律法自身，病态地恋慕魅惑的施虐者，并纯粹因其权威去服从，而非出于对正义的渴求。这就是"灵性之爱"（ *agape* ）与"爱欲"（ *eros* ）之间的区别——前者是在摩西律法的命令下行仁慈之事，后者则是那些被激

47

情的欲望折磨得死去活来的人，除了它的残酷之外对其一无所知，它是超我的阴暗面。去承受这种律法的奴役就是去沉浸于自我撕裂的欢愉，强迫我们在对其权能的服从中有所收获。这种淫秽的增补或者说律法的无节制恰恰是在其自我忏悔中被窥见的，但同时，它同样也能在一种诱人的邀请中被发现，它要求其只作为其自身而被爱（因为律法无论如何还是律法），其专断的命令就在这样超然的行为中被践行。

正如在惩罚性的讨伐中，充斥着欲望的律法将我们带向无物，那么相反的，欲望自身也可以成为仪式性的和自动化的，去僭越律法所有强迫性的及匿名的力量。如果说弗洛伊德称之为歇斯底里，那么保罗则称其为罪，他也将其视为一种无意识层面的事情。他在《罗马书》中写道，当我在罪中："因为我所做的，我自己不明白。"[1] 处于罪中的主体是一个撕裂的主体。向罪而生就是去成为一个离心的或者自我分裂的存在，使自我成谜，就像一个人最可靠的意图被推离出轨道而失控，仅仅成了一个无用的职能。因为在这种意义上，罪是非人格的，只有通过某种权能（恩典）才能扭转，而这种权能的来源必然超越于主体之上，这就像歇斯底里行为无法通过意志来转变，而只能通过潜入无意识的深渊寻求改变。与保罗认为是神圣

---

1 《罗马书》7：14。——译者注

的"躯体"（soma）相对立，"肉身"（sarx）是他给予这种可怕的非人格化驱力的名字，即他称为罪的东西。对于罪的最好理解也许就是将其看作一种成瘾形式。它意味着躯体失控、自我分裂，深受自身歇斯底里症的折磨，强迫且周而复始，对欲求来说，它已然机械化、僵化和强制化。罪是一种伪造的意识形式，它阻止我们去唤醒我们真正的欲求，这一点就表现为一个人之存在所依凭的基本律法，对于托马斯·阿奎那（他视其为上帝的欲求）和雅克·拉康（对于他来说，这是现实之欲，同时也是对于现实的欲求）来说都是如此。 48

　　虽然也许在这一语境下将其说成一种死欲会更讨巧，但保罗还是将死与罪联系在了一起。以拉康的观点来看，阻止我们欣然接受死亡的并不主要是我们自己的贪生怕死，而更多是一种蕴藏在我们存在中的盲目的、难以磨灭的驱动力，那种可以被称为力比多或者死欲的东西，而亚瑟·叔本华那令人悚然的意志正是其至高形象。这一对于不朽的可怕而又拙劣的模仿剥夺了我们向死的能力，而这种有罪性就成了我们栖居于其中的域限，生与死之间的僵尸区域，没有能力去拥抱死亡（而对于基督教信仰来说，可能恰是永生的情境），于是乎被判定为活死人，不知何时才能安息。由于这种生存状态被表现为一种人造的不朽形式，死欲于是便敌视躯体——敌视原生的、知觉的和殊相的，敌视有机的和富有生产性的，敌视爱和性——这种存在形式是失感的、强制性的，是一种怨毒的、抽象的固执，而前面的种种则仅仅被视为肉欲的阻碍。当这种敌意成了一种灭绝的愿景，想要去灭绝知觉、有机性和情动，将其本然地视为丑闻和冒犯之时，这也就恰是我们能够开始言说罪恶之时。[1]

一旦我们陷入这样的境遇，律法也无法将我们救赎。正相反，通过撩拨起我们的自我嫌恶，律法烙印了我们的自我分裂。事实上，正是律法通过其禁止的事项拣选出了那些确切的行为，我们的欲望于是就被允许化为执念，只要是凭借律法拣选的行为就被允许。于是律法被一种述行悖论牵制了。就像超我一样，作为道德良知的源泉，律法有其至高无上的一面，这不仅仅是因为它所传授的是不容置喙的善。我们不去谋杀、绑架（这一禁止可能是从不许偷盗延伸出来的）以及诱拐他人的性伴侣，等等。然而，律法在禁止这些行为的同时，也就宣扬了这些行为的永久可能性，因此律法对这些行为的责难同时也是一种煽动。从这个意义上说，律法的核心就是堕落的。正如讽刺作家卡尔·克劳斯眼中的精神分析一样，这一思想流派只是在为自己惹来的麻烦提供解决方法。虽然其自身是清白的，但是它所能做的也只是像那些非常不

1　参看 Terry Eagleton, *On Evil* (New Haven, CT, and London, 2010), chapter 2。

称职的父母一样，在错行发生之处也只能予以提醒。这或许能矫正我们的恶习，却无法说服我们向善。

这里不是要否认对于道德初履者来说律法不失其效用，虽然对于那些精神上已经成熟的人来说，律法被证明是多余的。律法就像一个脚手架，一旦我们已经爬到了它的上面，也就可以把它一脚踢开了。在保罗看来，那些从信仰中接收了灵的人就不再需要一本道德手册了，因为他们以爱行事，而那些曾被律法所奴役的，如今皆被出于义务而执行。他们因此就得以从因没有满足律法强制力要求而滋生的罪恶、自我憎恨和受虐快感之中解脱出来，从这个层面上说，他们更少受到死欲的奴役。以燔祭为掩饰，将自己献祭给律法，这其中总是关涉一种替代性的自我肢解的隐秘欢愉，即一种对自我肢解感同身受的欢愉。"我们施加给自己的暴力比任何人都要多，"V. S. 奈保尔在《模仿者》中如此评说："在这样的诱惑下，猫一样的邪性在我们身上阴魂不散，一次次地撕开伤口。"相比于废除律法，灵更倾向于将形同虚设的空文转入一种积极的生活方式之中。与我们所寄托的不同，神圣豁免所颠覆的并不是律法的内容，而是它的形式——这也就是说，在这种颠覆中，律法被视为死欲的阴魂不散。事实是，不强迫人们自残，律法就不可能大行其道，用保罗自己的描述来说，律法在此就是最显白的被诅咒之物。这就是为什么一旦

50

律法屈从于灵，整个仪式牺牲装置就被废止了。

　　正如一切的律法一样，要求去爱的命令是如此冷峻的匿名化和非人格化。它对于任何特定的人、文化、情绪或场合都毫无慈悲。无论黑格尔是否考虑过这个问题，我们都不是在讨论用一种主观层面的纯洁之心来替代犹太律法的可能。[1]只有一种欲求能够突破死亡之匿名性，这种欲求可以被描述为另一种匿名性的替代形式，即一种陌生人之爱。因为也许只有这样的形式才能与不义的匿名强力相匹敌，后者来源于某种制度化的而非个人化的存在。髑髅地的暴力正体现了这一点，在这一血腥的场景中，我们不能说有任何一个确定的个体要为其负责。耶稣自己也不是在寻求死亡，尽管他也没有拒绝。犹太统治阶级毫无疑问有着发自内心的恐惧，害怕这位令众多信众振聋发聩的传道士会扣动反叛的扳机，击溃压在民众头上的罗马残暴的权力。罗马总督本丢·彼拉多[2]是一位有着腐败与野蛮历史的人，因此他最后也被免除了罗马的职位，"福音书"的作者们出于自己政治立场的考虑粉饰了

1　参看 G. W. F. Hegel, *Early Theological Writings* (Philadelphia, PA, 1971), p. 261。

2　本丢·彼拉多在《新约》中的人物形象与史学家的记载有矛盾之处。在《马可福音》与《约翰福音》中，他被描述为不情愿地对耶稣行刑，甚至表示没有发现耶稣有罪，询问是否可以释放他。但在史学家菲洛（Philo）笔下，他性情暴躁、唯利是图，有暴力政治倾向。在犹太史学家约瑟夫斯（Titus Josephus Flavius）笔下，他毫不了解犹太传统，倾向于用武力解决问题，他自己就几乎造成了犹太人的叛乱。——译者注

他的行径，然而毫无疑问的是，当他履行这一职责的时候，他认为他的责任就是去镇压异端。

* * *

牺牲这一活动进化的关键时刻，就是牺牲者本身开始对其处境有所意识，并由此掌握了牺牲事件中自己的能动性。现在我们要取道这一幽径，一条从献祭的羔羊和粮食到悲剧英雄觉知的通路。这本是一个需要隐忍的过程，却变成了一套被有意执行的谋划。那些被放逐之人如今作为符号标识出了现状的罪恶本质，并且以之为己任奠基了一种新的制度。由此，我们最开始看到的是一名脆弱的牺牲者，在未来的发展阶段中意识到了自身的虚弱；接下来，他们将这种虚弱理解为自身处境的真相，并且在如此这般的行动中，虚弱开始转化为力量。当其成为一种自愿的自我献祭，牺牲的机制就从自然机制跃向了文化机制，从神话跃向了悲剧，从宗教和仪式性跃向了伦理与政治。我们甚至可以宣称这种跃迁早就是注定的。罗宾·莱恩·福克斯曾记录过古希腊人会在献祭的野兽身上洒水，以此引起它的战栗，并将之视作其同意献身的标志。[1]而卡林·巴顿则写道，对于古罗马人来说，

1　参看 Robin Lane Fox, *Pagans and Christians* (Harmondsworth, 1986), p. 70。

"（被献祭之物）越是积极自愿，牺牲就越有效"。[1] 赴死的誓言使得战士或者角斗士在这样的行为中得到自我提升，"但凡被贬低和被羞辱的，都置于剑拔弩张之中，都置于危险的境地"。[2] 那些活在死亡边缘的人也就是在恐惧和战栗中枕戈待旦的人。

对于神学家来说接受这些似乎并不困难，而对于世俗理论家来说，想要就牺牲问题达成共识就几乎是不可能的。但是他们却在一个问题上保持一致，即都认为这一习俗首先是保守的。但可以肯定的是，例外总是存在的。在数量极少却标新立异的牺牲理论家之中，有一位就抓住了其颠覆性的一面，这就是乔治·巴塔耶，他将其视为一种解体（de-reification）形式，将牺牲品从其惯常的社会性用途中以先锋艺术的方式解放出来，使之朝向一种具有革命性的全新的意义秩序。通过剥夺其世俗功能，这些事物成了无用的形式，成了无节制的、无条件的消费，并如此谱写了一曲对于中产阶级实用性的蔑视之歌。这种神圣代表了一种对于工具理性的批判。牺牲品从劳动与交换价值的范畴中被转入其他的领域，比如亲密、主体性、色欲、奢侈和不计代价，由此牺牲仪式

1　Carlin Barton, 'Honor and Sacredness in the Roman and Christian Worlds', in Margaret Cormack (ed.), *Sacrificing the Self* (Oxford, 2002), p. 30.

2　Ibid., p. 29.

就重新建立起了一条通道，从必然性王国走向自由国度。牺牲于是就属于一个"未经慎思的，过分慷慨的世界"[1]，而巴塔耶则将世界的总体性宗教狂热以及即时的消费视为一种对于资本主义生产的颠覆，即拒斥其所带来的滞后的感激。死亡摧毁了事物被误置的商品化身份，在一种对于时代迷狂的冲击中，点破了事物内在的永恒本质。由于真正的人类存在就是永恒的，死亡于是便是这种存在最恰当的形象。正如巴塔耶评论道："死亡溶解了真实的秩序，在其丰饶中揭示了生命本身。"[2] 就像在悲剧艺术中一样，对于有限性的湮灭反过来揭示了萦绕不去的无限性此在。[3]

不过，对于大多数作者来说，这一仪式的意图远非颠覆性的。相反，它旨在平息某种程度上潜在的毁灭力量；支撑并统合社会秩序（尤其是面对一些转型期的破坏或者骚乱的时候）；维持部落起源珍贵的连续性；更新那些支撑着人类存在的神圣能量源泉；调适人类与宇宙之间那微妙的平衡。通过虔诚地履行这些事务，牺牲可以抵挡灾难的发生，甚至可以保护宇宙免于崩溃。如此一来，用某位学者的话来概括就是：

1　Fred Botting and Scott Wilson (eds.), *The Bataille Reader* (Oxford, 1997), p. 210.

2　Ibid., p. 212.

3　参看 Michael Richardson (ed.), *Georges Bataille: Essential Writings* (London, 1998), p. 62。

53

"没有这一至高无上的姿态，人类本将毁灭。"[1]早期基督教对于献祭于异教神的拒斥被认为有害于国家。事实上，这就是早期基督徒被迫害的主要原因。[2]奥古斯丁写下《上帝之城》就是为了劝导人们脱离异教的控制，以免他们的不从国教之心导致罗马的陷落。基督徒忍受着折磨，就是为了拒绝向世俗权威的迷信卑躬屈膝，这也就是说，要将一切——正义、慈悲、救助贫穷等等——归属于上帝，归属于上帝之物要超越于归属于恺撒之物。早期基督教拒绝通过进行异教牺牲来承认罗马帝国的主权，而这就意味着有时需要他们自己成为牺牲祭品（或殉道者）。

理论家们将牺牲的大部分功能都视为对已有秩序的维护，这一点并没有错。"政治权力没有牺牲行为就无从运转。"马塞尔·德蒂安如是写道：

> 建立一个群落，这个行为本身就足以惹来原有家国的唾弃，使其如坐针毡。因此为了使这一行为成为可能，就需要牺牲。牺牲不仅仅是使一个全新的政治共同体降生的行为。它也将成为在一个群落与其母国之间维持某种恭

---

1 Nigel Davies, *Human Sacrifice in History and Today* (London, 1981), p. 3 and 20.

2 参看 Lane Fox, *Pagans and Christians*, pp. 37ff。

顺关系的基础。[1]

通过仪式性地整合那些死亡的图像，部落获得了超越这一灾祸之上的象征性胜利，并且确保了其社会秩序获得某种不朽的形式。J. H. M. 贝蒂就注意到，死亡本身"在某种层面上是一个反常时间，一个破坏性时间，一种对于社会秩序的违反"[2]，而牺牲则可能是一种暗中恢复社会秩序的方法。不过，我们还是能够看到这样的违法和破坏如何能够更彻底地释放转型的力量。只有在这个层面上，我们才能有理由宣称，在牺牲成为一种颠覆性行为这件事上，基督教是至关重要的一环。任何政治政体都处于十字架的审判之下。

和许多其他评论一样，马尔科姆·布尔在《看见隐藏之物》中，也将牺牲视为支撑现状的必要行为。勒内·基拉尔在《暴力与神圣》中也如此认为。因为人类欲望中的模仿本性必然导致竞争性屠杀，只有通过牺牲替罪羊才能缓解。[3] 如此

54

1　Marcel Detienne and Jean-Pierre Vernant, *The Cuisine of Sacrifice among the Greeks* (Chicago, IL, 1989), pp. 3–4 and 20.

2　Beattie in M. F. C. Bourdillon and M. Fortes (eds.), *Sacrifice* (London and New York, 1980), p. 34.

3　基拉尔在《替罪羊》(*The Scapegoat*, Baltimore, MD, 1986)、《自创世以来隐而不现之物》(*Things Hidden since the Foundation of the World*, Stanford, CA, 1987) 和《我看见撒旦像闪电一样坠落》(*I See Satan Fall Like Lightning*, Maryknoll, NY, 1999) 中以及其他地方发展了这一看法；牺牲的负面例子则可参见 Jean-Pierre Dupuy, *La marque du sacré* (Paris, 2008).

一来，任何人都无法幸免的人类暴力就被转嫁到了替罪羊无辜的躯体上，它的死亡或者放逐随后便净化了这种慢性暴虐。于是"法耳玛科斯"[1]就是一种聚合物，一种无种差的动物，一种关于道德和社会混乱的主能指，将其推向死亡的行为重建了社会层级及其稳定性。从这个意义上说，社会凝聚反而在摧毁中才能够被建立。在基拉尔看来，《新约》终将对这种仪式机制进行祛魅和责难，因为耶稣无辜的受难，这位最后的牺牲仪式的受害者将毫无保留地揭露牺牲制度的野蛮性和它赤裸裸的非正义性。基督教是安抚暴力的唯一指望。而随着耶稣受难的发生，这种视角就发生了转换，一开始它是一种将牺牲和替罪视为维持社会秩序之基础的意识形态，而如今它则是一种受害者之间的团结。牺牲揭开了它可憎之物的面纱，其野蛮的前史让位于现代文明的叙事，对于牺牲的延误不再被掩饰。至少在原则层面，爱代替了彼此之间的仇恨。

在这一具有重大影响力的事件里有着太多难题，以至于无法全部厘清。不过还是有少数批判性的评论。在这个问题上，很难说《希伯来书》有明显支持牺牲的内容。但是基拉尔显然认为自己是比这篇使徒书信的作者更好的神学家，在

---

1 法耳玛科斯（*pharmakos*），古希腊的一种宗教仪式中的牺牲者。当社区遭遇疾病或者瘟疫等灾难的时候，就会把一两名奴隶或者残疾人逐出社区，以起到净化灾难的作用。被放逐者是否被杀死，这一点仍存在争议。——译者注

《自创世以来隐而不现之事》中，他对这篇书信给予了严厉的批评，他显然认为自己是比《新约》作者更好的神学家。在基拉尔的很多早期作品中，他仅仅把髑髅地受难看作一个乖戾上帝某种无常暴力的释放。所以他没有认识到髑髅地的上帝自身就是暴力的违背者，将世间诸权力引向悲悯，通过血肉之躯替代他们的贫瘠，他罹难于世俗权力之手。神圣律法具有政治颠覆性，而人类的律法则只关乎生死。此外，如果说"福音书"不是简单地以否定牺牲作为通向自由启蒙的手段，这是因为在一个正义既是进犯性的又是难以得到的世界里，正义之事往往难以避免地会是悲剧性的。基拉尔充分承认了基督教对于穷人的承诺，以他自己的角度看，信仰由此破坏性地将穷人引向了那耸立在文明虚假稳定之上的十字架。但他没有从这一洞见中得出任何明确的政治与历史结论。作为被誉为我们时代最杰出的牺牲理论家，这本应被视为一个巨大的盲点，但在他的追随者对他的推崇中却很难看到这一点。[1]

　　基拉尔认为暴力是某种固有的模仿，是一种对于他者欲求的欲求，是一种彻底的还原。然而这种模仿性欲望并不总

1　例如，可参看沃尔夫冈·帕拉维（Wolfgang Palaver）虽然非常有价值，但过于温和地处理基拉尔著作的研究 *René Girard's Mimetic Theory* (East Lansing, MI, 2013), pp. 240–245。

是如他想象的那般是破坏性的。在这种阴森惨淡的霍布斯式视角中，人类的攻击性被归因于某种单一的陈词滥调，而很少关注物质利益、政治冲突和社会对立所扮演的角色。比如说，第一次世界大战并不主要始于国家资本的激烈竞争，而不过是另一个替罪羊效应的结果而已，其性质与巴西的图皮南巴人部落的食人仪式大同小异。[1]正如在大多数神话模式中那样，具体的历史总是被粗暴地抹去了。值得指明的是，对于这种保守立场来说，事实的历史只能在某种确定的原则之上变迁，在基拉尔的著作中，这一不变的原则就是贵族对于"暴民"的蔑视，因为在其中，物质层面的历史仅仅是围绕着确切不变的原则而发生变动的。[2]说暴力具有结构性和系统性，这并不比将其界定为一种有害的、缺乏理性的行为更有意义——说它是"理性"的，某种程度上就是说它是意义匮乏的。暴力与物质匮乏之间重要的关系远没有被认真审视。悲剧、替罪以及牺牲太过于急切地被搅和在了一起。

根据基拉尔式的立场，替罪羊机制就成了一切文化中的

---

1 图皮南巴人（Tupinambá），南美印第安人的父权制部落。其部落的宗教与价值观都是以战争为核心的，据说有食人习俗。——译者注

2 参看 René Girard, 'Generative Scapegoating', in Robert G. Hamerton-Kelly (ed.), *Violent Origins* (Stanford, CA, 1987), p. 142。哈默顿－凯利（Hamerton-Kelly）的导论几乎没有尝试对基拉尔的作品提出任何一点实质性批评。同样，由于他们这些不容置疑的看法，这些评论基拉尔思想的文本散发着一种典型的偶像崇拜般的气味。

普遍性原则，但这实在是过于夸大甚至有点荒谬了。暴民扑向倒霉的受害者并处之以私刑，难道我们真的要在这种层面上来解释所有的社会建制么？替罪行为于是就变成了一种恶性的"放之一切皆准之理论"，对于所有神话来说，它要么是查理一世的头颅，要么就是卡索邦式的博学之匙。[1]文明的源头布满了罪恶与血腥屠戮，在这一点上基拉尔的主张是正确的，但是并非所有的暴行都是关于替罪的，或者说不是所有的暴行都能够以一种仪式化的样式被消解。他似乎假设对于和平和联合的诉求总是毫无疑问地有益无害，但实际上却并非如此。对于联合的诉求往往频繁地来自那些自私自利之徒，通过联合，他们的个人利益才能够得到保证。有些矛盾是无法避免的，就像很多纷争可能始终都受困于此。[2]有些冲突可能是生命之所系。它们不应被单纯地认为是有害的和负面的。基拉尔对暴力的归罪缺乏细查——为了得到一种宏大的道德支点而牺牲了历史的诸多特殊性。他宣称，爱就是"一种超

---

1 查理一世是 15 世纪英国宗教冲突泛滥时期的在位者，也是第一个以国王身份被处死的人。卡索邦在此处应指伊萨克·卡索邦（Isaac Casaubon），14 世纪后半叶欧洲著名古典学家，曾校订出版过很多古代作家的著作，被认为是那个时代最博学者之一。——译者注

2 罗恩·威廉斯（Rowan Williams）驳斥了对基拉尔的这种批评。参看 'Between Politics and Metaphysics: Reflections in the Wake of Gillian Rose', in M. Higton (ed.), *Wrestling with Angels: Conversations in Modern Theology* (London, 2007), pp. 10–11。

越形式，它永不可能通过暴力的方式得到，也从不为暴力负
责，而是始终激进地对抗着暴力"。[1] 这个表述太过于轻飘了。
这不仅仅是因为暴力本身就有可能被用于保护无辜者，更进
一步说，当我们处于不义的环境中时，爱与暴力往往被证明
并不是泾渭分明的，殉道行为本身就是证明。爱的行为并非
总能掌控它们潜在的破坏性后果。

　　因此对于牺牲的讨论是绝不会过时的，即使在现实中这
一行为已经很大程度上不再那么明显地以仪式的面目出现。
如果我们认为它过时了，那么我们就会忽视那些现代殉道者
的历史。在纯然的正统启蒙范式中，我们倾向于去看到作为
某种未开化类型的习俗——现在我们会满怀感激地任由自由
的现代性将其丢入历史的垃圾堆。这不仅是为了寻找优越感。
我们多半就是在这种替罪行为的特殊观念中把握牺牲的，而
不是在更为积极或者更为政治的启迪中把握它。在基拉尔看
来，耶稣受难重新解释了牺牲何以是一种道德冲击，并且在
如此这般地揭露这一点之后，就关闭了对其进一步探究的大
门。牺牲现在必须被判断为道德暴行，除此之外别无所是。
然而，还有更激进的看法，即认为耶稣之死将一种政治性的
残暴谋杀精确地作为牺牲加以重释——一种由死向生的颠覆

1　René Girard, *Things Hidden Since the Foundation of the World* (Stanford, CA, 1987), p. 214.

性转化，由此也就是某种人类解放的征兆、承诺和动因。基拉尔对牺牲品显示出了一种恰当的怜悯，但是牺牲品也可能会通过社会秩序暴力的"道成肉身"来占有并转化它，对此基拉尔缺乏警觉。

约翰·米尔班克在对于基拉尔思想强有力的批判中，质疑了他对于牺牲的本质化理解，并指出并非所有的类似行为都被视为危险和暴虐的。这些行为并非总是要关联到一种基拉尔式的看法，即认为它们是一种替罪行为或者是对社会反抗的镇压。它们也并非总是与自我摒弃相关，比如驱逐某些异质元素、有债必偿或者其他种种。[1] 我们还应该注意到的是，⁵⁸基拉尔非常喜欢劫掠文学作品，仅仅抽取出其中的概念性内容，而不去注重它们的形式特征。我们也会注意到，他对于社会阶级概念的理解非常天真，就好像银行家和拾荒者能够在某一游戏中公平竞技一样，似乎这种竞争、替罪以及模仿是被一种抽象的普遍逻辑所把控的。对于其他更为复杂的社会区隔，基拉尔缺乏同等的关注。基拉尔是一位极具野心和原创性诉求的思想者，毫无疑问，他确实是当代研究牺牲的理论家中最为杰出的，但是他对于该体制的视角到头来也只是管窥式的，挥霍了其中丰富的多样性。他的著作最突出的

---

1 John Milbank, 'Stories of Sacrifice', *Contagion: Journal of Violence, Mimesis, and Culture*, 2 (1995).

功绩就是成功地让这一被冷落的行为如此正当地回到了知识分子们的议程之上，也因此对一种根深蒂固的现代正统观念发起了挑战。但与此同时，这种视角的重大缺陷则在于，它实际上认同了正统视野中仅仅将牺牲视为野蛮习俗的看法。为了对抗这一视角，我们必须继续更细致地来看看在殉道体制中情况又是怎样的。

第三章　殉道与必死之厄

在米歇尔·德·蒙田的笔下有很多研究，宗旨都是关于要
懂得如何去死，包括那些题为懂得如何去生活的研究也是如
此。[1]这些研究是为了让人们认识到，我们不应该如同惧怕伤
痛和破产那样去惧怕死亡。这些经验都是我们必须去承受的。
但尽管我们也同样承受着我们必死的事实，我们却并不因此
就被定义为与死亡形影不离的存在。我们对于走向死亡这件
事其实并不多么感到恐惧，正如卢克莱修在《物性论》中所
说的，既然死亡之中空无一物，那么也就是没有什么会引起
我们的恐惧了，它到底能够带来什么，这一点在绝对意义上
就是不可经验的。简单地说，使人惊惧的并不是死亡，而是
关乎我们不再存活的预见。可以确定的是，这绝对不是必死
性唯一让我们彷徨的方面。正如塞缪尔·舍弗勒所指出的，从
存在中脱轨的恍惚，哪怕只有一瞬间，也足以导致一种恐慌

1　Montaigne, *Essays* (Harmondsworth, 1979), p. 329. 西德尼·阿辛（Sidney Axinn）
　　把牺牲定义为供奉祭品而不期望回报，把这一点看作所有内在价值的来源。参
　　看 *Sacrifice and Value* (Lanham, MD, 2010)，尤其是第二章。

或晕眩。[1]而晕眩同时也就是死亡来临的信号。对于我们来说，死亡没有什么不能应对的，只要我们顺势而为，它所引起的焦虑就会被完全治愈。它会从我们的意识中被抹去，就好像我们的意识本身被抹去了一样。

60   死亡有时被呈现为一种投入未知之中的旅程或者航行，不过这种呈现也是反讽性的，因为这也意味着一种完全的漫无目的（如果我们暂时把自杀和殉道放到一边不谈的话）。它不需要什么专门技巧，也不需要什么强化训练或者专业知识，对于这样一个具有强烈戏剧性的契机来说，这其实是不可思议的。如果它确实是一场旅行，那么我们就是甲板上闲适的旅客，而不是船桥上的船长。当站在可能是一生当中最重要的时间点，我们却是全然被动的。这也就是为什么死亡在现代社会秩序中所受的排斥要更甚于其在前现代社会中的境遇，因为在现代社会中，人们更习惯于去做自己命运的主宰者。而对于其他一些社群来说，死亡是一种被推高到极致的无力感，它在日常生活中俯拾皆是，而从这个层面说，死亡也就显明了某些日常存在的真理。一般来说，在贫困之世中生死之间更具一致性，而对于繁盛之世则并非如此。

死亡是一个过程，是作为"虚无"（*néant*）的"无"

1　参看 Samuel Scheffler, *Death and the Afterlife* (Oxford, 2013), p. 86。

（nothingness）——就像一些骇人的谜题或者某种难以名状的恐惧——转入一种单纯的"无"（rien）的无物存在。转瞬之间我们就从主体转为客体。这就是死亡的结局，而它是如此的令人焦虑。不再存活这件事情令人难以接受，这非常类似于一个人在被麻醉时感到不适——这并不是因为其本身是令人不适的，而是因为这关涉我们将会错失一段经验，而可经验性本身恰恰是舒适感的来源——比外科手术持续的时间要长得多。[1]我们也许可以活在某种公共记忆中，也可以通过子嗣和建立功勋来达到这一目的，但是这些和我们在死亡中所失去的相比仍然太微不足道了。就像伍迪·艾伦所说的："我不想活在我的同胞们心中。我想要活在我的公寓里。"

　　我们之所以会遭遇这些问题，并不是因为生命脆弱不堪以致死亡成了一个大问题。比起甘愿遵从的东西，一名殉道者并不那么吝惜自己的生命。饱受折磨的人在残暴的痛苦中可能会觉得死亡也许才是更好的存在方式。哲学家托马斯·内格尔显然不同意这一看法。考虑到他曾经表示过："生命是值得过的，纵然生命中坏的因素如此繁多，而好的因素又如此贫乏，以至于仅靠其自身无法压倒坏的因素。"[2]内格尔相信，

61

1　托马斯·内格尔（Thomas Nagel）提出了这种害怕死亡的所谓匮乏理论的一些难题。*Mortal Questions* (Cambridge, 1979), pp. 4–10.

2　Ibid., p. 2.

能够达成平衡的诀窍就在于我们独特的经验能力，至于我们经验到的内容相比之下则不那么重要了。但显然值得怀疑的是，具有长年累月忍受痛苦的能力是否比痛苦本身的否定性更有价值。某种经验能力其自身就具有某种价值，这种说法无异于所有的经验都是有价值的这一唬人的老生常谈。被焚身一般来说就不会被当作有价值的经验，正如对一个卑微的存在来说，仅仅是单纯地活着并不足以抵消这份卑微感。总有些人过分珍视这样一个事实，即我是独一无二的自我，无论经受多少苦难，这一点都是最重要的。我也许会把我的生活搞得一团糟，但是至少这就是唯一属于我自己的生活。但是也有很多人认为，如果他们并不是他们自己之所是也许才是更好的。比如说赫尔曼·戈林[1]。

很多人的生活虽然没有遭受长期的肉体痛苦，但也并没有什么别的优势了。而对于很多其他人来说则可能宁愿自己没有出生过，比如叔本华就相当无畏地承认了这一点。毫无疑问，在千百万生活在贫困边缘与辛苦劳作的人中，也总有一些人会觉得如此艰难度日亦有可取之处，不过这也只是勉勉强强。或许这样微不足道的人生的一点好处就是会让死

62

1　赫尔曼·戈林（Hermann Göring），纳粹德国的高层人物，盖世太保的创始人，据说也是国会纵火案的实际执行者。纽伦堡审判后，于处刑前一天在狱中服毒自尽。——译者注

亡的到来显得不那么可怕，这就好比如果想象未来的人们会被规律地在他们的脑中投放广告，那么抛弃这样的世界就容易多了。有一种让我们面对死亡时不那么忧郁的方法，那就是去无私地活着，这是"福音书"所推荐的方式。那些紧紧依附于其自身身份的人就像溺水者紧紧抓住浮木一样，他们会发现接受死亡是多么的困难，甚至是不可能的——正如威廉·戈尔丁笔下的品彻·马丁（Pincher Martin）付出代价后才发现的那样，那些紧紧依附于其自身身份的人就像那些抓住浮木的溺水者，他们会发现死亡也是如此的困难或不可得。基督教关于炼狱与地狱的学说就是关于这一点的。然而即便如此，一个人还是难以避免地想到自己的死会给他人带来的影响，无私的人对于这种悲痛异常敏感。由此，最有效的走向死亡的方式，就是终其一生为他人而活，同时坚决地拒绝亲密关系，这种情形一般被认为是一种修道士般的生活。

死亡所减损的不是某种固有的（生命）价值，而是实现这一价值的可能性。活着是享受有价值的生命存续的必要条件，但不是充分条件。对于阅读普鲁斯特或者畅饮麦芽威士忌来说，活着是不可或缺的前提。因为作为消磨时间的方式，它们都是令人愉快的，我们没有理由不去期望我们能一直追求这样的事情。同样，也没有什么迫切的原因让我们觉得应该到此为止，就好像一开始我们就没有什么不得了的理由一定要去做这些事似的。没有理由可言的事情没有存在的必要，但也没有不存在的必要。对于这类行为来说，没有什么自然而然的尽头，也没有什么逻辑可言，而这也使得当它们戛然而止的时候，一切又会显得是那样的无常。没有什么会预示着终结将临。它们的进程并不像是有机体那样，浮现、提升到某种丰饶的圆满之境，随后盛极而衰、逐渐凋落乃至枯萎至死。它们不是那种能被用光、耗尽、枯萎、发现自身行将消逝之物。正如内格尔所评论的那样，我们内在世界的最终消逝"不是一种已经包含于其概念之中的可能性的实现"，就如同我们躯体的生老病死那样。[1]因为像友好关系或者饲养仓鼠这样的欲求谈不上什么来由，这些事情原则上是可以永续下去的。但因此，一个人不能永恒地从事这样的活动这一事实就是某种暴行。然而，如果说这些事情的无缘由性意味着看不到什么它们应当终结的理由，那么这也同样意味着没有什么严格的方式来证明它们是正确的，因此也就没有什么严格的方式来提出一个让它们继续下去的有说服力的情形。一个人也许会想象自己为了救一个落水儿童而幸免于难，而不是为了重读荷尔德林或者喝干残留在杯底的莫洛葡萄酒。

　　如果我们沿着这一思路继续下去，这个问题会变得更加

1　Thomas Nagel, *The View from Nowhere* (New York and Oxford, 1986), p. 228.

复杂而棘手。如果一个人可以沉迷于威尔第的音乐或者插科打诨的俏皮话 50 年，那么为什么不能继续沉溺其中 500 万年呢？哲学家伯纳德·威廉斯所给出的不这样做的理由，我们也许称之为关于彻底乏味的论证。即使是最自恋的人，不也会在自己有可能陷入的看不到尽头的前景中畏缩不前么？在传统上这就是与地狱相关的情形。[1] 对于这些人来说，死后的不灭同样也是令人恐惧的。克尔凯郭尔在《致死的疾病》中写道，尽管他虔诚地希望并非如此，但他相信有这样一种生命形式是可能的，即必须通过此世无休止的劳作才能换来下一世的救赎，这一前景令人畏缩。在威廉斯看来，如果我们此世的生活是无休止的，那么它也就不再具有什么意义了。在《以学术为志业》中，马克斯·韦伯认为列夫·托尔斯泰思想的关键，就在于主张无限进步的观念已经掠夺了死亡的意义，因而我们永远也无法满足。总有更多的未来会被开启。尽管 64 如此，我们还是可以接受一个折中的方案，无奈地接受一个岁月静好的千禧年，而非一个无限崇高的永存不息，当时间开始让一个人不堪重负，也会有药物导致的遗忘打断这一切。内格尔指出，虽然我们说济慈死于 25 岁是一个悲剧，而

1　参看 Bernard Williams, 'The Makropulos Case: Reflections on the Tedium of Immortality', in *Problems of the Self* (Cambridge, 1973)。

托尔斯泰死于 82 岁这就不是悲剧，但是如果人类平均寿命有 1000 岁的话，那么后者也就同样是令人悲悯的了。值得提及的是，总是有误用"永恒"（eternal）和"不朽"（immortal）这两个词的倾向的威廉斯就曾说过，"永恒"的生命是无聊的，而这个看法显然是有问题的。[1]在永恒当中，我们没有时间感到无聊，因为永恒中根本没有时间这个东西。基督教的天堂观念中并不关涉生命无止境的那种不朽观念，但它确实超越于时间之上。这也就是为什么并没有什么关于"来世"（afterlife）的问题，这个问题是在一种时间无限延展的意义上提出的，而这种无限性只有借由死亡才能被唤醒。此外，"来世"或者"幸存"同样暗示了一种基于当下的平和延续，而对于基督教来说，这并不是把握灵肉转变这一灾变事件的最佳途径。

神学家约翰·麦奎利将人类的生命比作一段音乐。他评论道："如果一段音乐只是无止境地一再放送下去，那么它将会是形式不明、无意义或者说没有美感可言的。"[2]毫无疑问，总有些人热衷于形式不明、缺乏意义、丑陋但苟活的状态。此

---

1 Bernard Williams, 'The Makropulos Case: Reflections on the Tedium of Immortality', in *Problems of the Self* (Cambridge, 1973), p. 94. 内格尔也忽视了永世和无限（infinity）之间的区别，雪莉·卡根（Shelly Kagan）在《死亡》(*Death*, New Haven, CT, and London, 2012) 第十一章也是如此。

2 John Macquarrie, *Christian Hope* (London and Oxford, 1978), p. 19.

外，那些有其终结之物并不必然要被赋予一个形式。字母表是有尽头的，却没有清晰可辨的形态。塞缪尔·舍弗勒是另外一个相信死亡赋予了我们的生命以更多形式与意义的人，因此追求不朽终究只是一种错置：“我们有能力引导生命去承载意义，这种能力并非仅仅去适配我们终有一死的事实，而是实际上这种能力就是依凭于这一事实之上的……我们自己的死亡将我们的生命嵌入了一个有意义的域界之中。”[1] 人的生命应该是有限的，而且是在某种确定的阶段中行进，在舍弗勒看来，这是人类生命的本质。除此之外他还说道，我们的很多价值观都源于对疾病、伤害及危险的规避，而这又是基于死亡的前景。而正是对时间有限性的觉知促使我们从一开始就进行价值评估，分出事物的高低主次。然而还不清楚的是，价值是否像舍弗勒所想的那样，如此依赖于否定性的威胁与短暂性的制约。正如我们将会看到的，他确实正确地主张了“为了生则必有死”，[2] 但不是在他所想的那种意义上。

想要长生不老并不必然是由于贪婪。所谓贪婪是指你想要得到超出你应得份额之外的东西，但是在躺在海边或者吹单簧管这些事情上，却不存在是否公平的问题。正如伊壁鸠

---

1 Scheffler, *Death and the Afterlife*, pp. 108 and 11.

2 事实上这些话来自尼柯·克劳德恩（Niko Kolodny）对舍弗勒（Scheffler）研究的导言（Scheffler, *Death and the Afterlife*, p. 10）。

鲁学派教导我们的，我们也许应当在节制中品鉴这样的愉悦，但似乎没有什么理由不去永远这样节制——这可能还会成为一种擅长享乐的方式。然而，我们生命中那些更实在的、更本质性的方面和那些显然更夸饰性的方面一样，都是几乎没有基础的。这可能有助于缓解我们对无法永恒享乐的沮丧。事实上，我们的存在没必要是整全的，如果我们把这一事实应用到宇宙的宏观层面，我们就触碰到了造物的教义。这一教义并不是关于世界如何存在这样一个事实，而是关于它并不需要如此这般的存在。可以确定的是，其存在必然性的一面，比如物理法则，但这些法则总是会变化，或者根本不存在。对于这样的造物观来说，必然性的核心反而在于偶然性与无根性。对于我们来说，每一刻的短暂存在都是应被感恩的，因为每一刻都本可能根本无物存在。死亡是一个终点，在这一时刻我们屈辱地确认了这个宇宙对我们的生存莫衷一是，根本不曾为我们着想。斯蒂芬·马尔霍尔曾经写道，我们看见每一个事物如其在世界之中，就好像这一整全的世界是它们的背景，但并非它们得以被看见的某种宇宙必然性的基础。[1] 相反，马尔霍尔的意思是，我们看到这些事物，如其分享了造物之中根本的偶然性。因此，只有通过承认事物的易

66

1　Stephen Mulhall, *Faith and Reason* (London, 1994), p. 65.

朽，我们才能真正品尝到它们的价值，就像济慈的《忧郁颂》中那悲恸的、极致美妙的葡萄之味。[1]

　　但纵然如此，相信永生也并非完全不着边际。如果人类的存在领域有可见的边界与陡峭的悬崖，那么一个人就只是单纯地在一眼看不到尽头的人生里勠力前行，这只是一厢情愿的看法。不过因为并没有这样的一种边界能够让我们内在地把握我们的存在，我们把握自身存在的能力似乎是可以向所有发现无止境地扩展的。即使是最清晰的传记或是最目标明确的人生规划也会有诸多模糊的界限，并且会陷入偶然性之中。它更像是一个开放文本甚于一个已完成的工艺品。路德维希·维特根斯坦写道："我们说生命没有尽头，正如我们说视野没有边界一样"，而生命终结的时刻对于维特根斯坦来说并不是一个我们能够经验到的事情。[2] 种种的界限确实会在垂暮之年开始被察觉，正如我们的力量开始衰退，而对于死亡的感知就如同一个内部的边界。肉体终有一死，这意味着肉体将在其内部承受自身的灭亡。朱塞佩·托马西·迪·兰佩杜萨在他的小说《豹》中写道，对于一对年轻夫妇来说，死

1　《忧郁颂》是约翰·济慈的名作之一，其中有诗句写道："不要让冥后的吻印上你苍白的额头／那吻以龙葵，以红宝石般的葡萄。"此处伊格尔顿应该是在化用该诗句。——译者注

2　Ludwig Wittgenstein, *Tractatus Logico-Philosophicus* (London, 1961), 6. 431.

亡"并非一个痛彻骨髓的经验",而仅仅是一件发生在他人身上的事件罢了。对于年轻人来说,死亡更像是发生在某一异国他乡的暴乱的流言,而非自血脉中滋生的疾病。这些年轻人没有明白的是其中所预示的自我失落,而在此刻的匮乏中它就是欲望本身,或者说正是通过它,人类在无尽的否定行为中才能够将其主体投射到未来之中。莱内·马利亚·里尔克在《马尔特手记》中写道:"我们带着我们的死亡一起前行,就如同果实裹挟着它的果核",但我们往往并不真的能够意识到这一点。

不过,即使如此直白地将一个人的有死性内在化,也不足以将某个人的存在凸显为一个整体。事实是,生命是无法被整体化的,这种行为会让死亡显得不真实,因为没有什么可见的边界能够框定死亡可能潜伏之处。詹尼·瓦蒂莫在《现代性的终结》中指出,人类主体只有在与一个终结的事件的关联中才能够将自身把握为一个整体,这也就是说只有在它的无根性之中其自身才能够被发现,在这一层面上,一个人的生命之所以能够具有一致性,是有赖于死亡的给予,而这种想法显然是可疑的。[1] 除此之外,我们的身份过多地落入大他者的掌管当中,以至于我们自己都无法完整地描绘我们的

1　参看 Gianni Vattimo, *The End of Modernity* (Cambridge, 1991), chapter 7。

身份，并也因此我们很难对其有限性有任何清晰的识别。与此同时，在大他者所占据的监审者的位置之下，缺乏自我掌控就成了死亡自身的一个预示。名誉会给我们带来一种外在于我们的感觉，它逃脱了我们的把控，强化了这种非自我同一性的感觉，从而带来的就不是不朽的滋味，而是恰恰相反——完全的自我同一之物没有去死的必要。

　　然而反讽的是，死亡是根本不能被累加得出的。对于我们的死亡来说，我们总是某种程度上的异乡者，不可能从外部凌驾于它之上。而这也勾勒出了死亡作为生命之完满的其中一个面相，我们试图将其作为一个整一来理解，而它却总是脱离我们的把握。斯拉沃热·齐泽克写道："死亡恰恰就是无法被归结为任何总体的东西。它是无意义的真实，永远威胁着意义。"[1] 或者也如甘丹·梅亚苏所坚持的，死亡是对主观唯心主义的彻底反驳，因为"我把自己视为是有死的，仅当我认为死亡不需要经由我对于死亡的思考就能达成"。[2] 就像在闹剧中人类的行动会被仅仅还原为身体层面的运动，那么一具尸体也就是一团肉，而意义已经从中流失殆尽，只留下一堆瘫在那里的肿块。死亡不再有任何孕育层面的能力，尽管

68

1　Slavoj Žižek, *Living in the End Times* (London, 2010), p. 307.

2　Quentin Meillassoux, *After Finitude* (London, 2008), p. 57.

对于所有他人来说，它可能占据了意义最为重大的时刻。

　　死亡为我们的生命画下了基线，但是它却没有因此就给予我们决定性的方向、核心的意义或者美学上令人愉悦的外形，由此人的存在持续被视为不可控的，而死亡也因此就以一种不着边际的形态显现。人的死亡一方面是一件绝对确切的事情，另一方面也是最纯粹的抽象思辨模型，就像一则不祥的、经过二手甚至三手传递的流言——它虽令人心绪不宁，但是又太过邈远，只能先被闲置一旁。对于一个被削弱了经验真实性的事件来说，我们如何能够将其体验为真实？托马斯·阿奎那认为这种意识是无法企及造物（Creation）概念的，因为它无法把握"无的观念"，只有"无"才能提供坚实的基础，好让造物能够如此这般地映入我们的视野。如果我们同样很难把某人的存在纳入我们的视野，某种层面上是因为死亡除了是一个思辨性的事件之外别无所是，没有什么东西能够让我们笃定地将其消解。如果生命的终结能够被呈现为不真实的，那么生命本身也可能被认为是不真实的。任何事物在任何时刻都有可能毫无理由地毁灭，尽管表面上往往是隐而不发的，但是对于这一时刻的幻想却总是挥之不去，就像一场极尽华丽的舞台秀（奢华的服饰、耀眼的灯光、超出生命的姿态）似乎都是被设计出来以否定它昙花一现的事实。

　　所以托马斯·霍布斯就有了这样的思考，政治与死亡的联系千丝万缕。保护个体免于暴死于他人之手的威胁，这是政治体制最为首要的功能之一。对于康德来说，与其说是政治在守望着我们的道德处境，倒不如说是认识论在承担这一任务，因为像我们这样有限的动物是永远被排除在关于世界和自我的概观视角之外的，我们所想象的这种视角只有上帝才能通达，我们所能做的就是代之以这样或者那样偏狭的现实视角。上帝才能通达实体性的真实，上帝对于我们的知晓是全面的，而这也就是我们作为被造物的特征，也因此这即是我们的有死性，这不是我们自己能够左右的。人类的生命总是无法整全，这就是为什么在基督教的视角下，审判只能是最后的审判，因为只有在那时，生命那横生枝节的篇章才能够被设想为如一部书合上了最后一页，该讲述的均已道尽，等待盖棺定论。

可以确定的是，一个人确实可以通过活在对于自己死亡的恒久期待中，寻求将自己的存在转化为某种整体性，这就是圣保罗和马丁·海德格尔共同倡导的生命策略。[1]康德在《单纯理性限度内的宗教》中，将死亡说成"始终准备迎接终结

---

1 尽管海德格尔的信徒让－伊夫·拉科斯特（Jean-Yves Lacoste）谴责海德尔格过于强调死亡是一种艰巨的工作。参看 *Experience and the Absolute: Disputed Questions on the Humanity of Man* (Fordham, NY, 2004), p. 62。

70

的必要性"[1]，而瓦尔特·本雅明则看到了每一瞬间都是弥撒亚可能侧身而入的窄门。倘若果真如此，那么一个人的生命就必然伴随着一种枕戈待旦的期望，将一个人的所作所为抽离于世俗时间之外，并将其寄托于最终审判日的守望中。本雅明在《德意志悲苦剧的起源》中写道，所谓悲剧英雄就是那些将其存在"于死亡中展开，并笃定地将其视为存在的形式，而非其终结"。[2]也许以这种方式来对死亡进行事先预估或者事后评判，将其从一种存在之终结的视角转化为一种内在动力，这就是我们体验死亡的最切近的方式。在本雅明的眼中，革命的敌人，关于历史杂乱无章的观念就是历史主义，它将所有事情都捆绑于过去，以文化瑰宝的形式将其储存与贮藏，由此一来，在历史庄严的行进之中，就没有什么是确乎失落的。于是，历史主义就构建了一种对于死亡的整体性否定。乔治·巴塔耶在题为《黑格尔、死亡和牺牲》的文章中透析了这样一个问题，即牺牲一个动物来代替自己，这可能是一种让自己在自身的死亡时刻在场的方式。爱尔兰哲学家威廉·德斯蒙德则主张："悲剧的洞见跨越了生死的距离，并由此回顾

1　Immanuel Kant, *Religion within the Limits of Reason Alone* (New York, 1960), p. 126.

2　Walter Benjamin, *The Origin of German Tragic Drama* (London, 1963), p. 114.

生命，回到过去，过另一种生活。"[1] 这也就是说，一个人的生命依赖于一种自坟墓而来的回溯视角。

T. S. 艾略特在《四个四重奏》中写道，人之将死，其行为将会在他人身上结出果实。不过他还补充道，每一个时刻都可能是死亡的时刻——这不仅仅是因为人类的心脏可能在任何一刻应声而停，还因为我们必须时刻准备着与我们的死亡迎面相撞——这就是我们的生命在每一刻的必然境况。最具生命力的行为就是那些把此刻演绎成似乎是生命最后一刻的行为，这样一种完成态并不是指向生命的最后结局，而是指向生命自身。通过拒斥功利或者工具理性，这种"墓地伦理"立场鲜明，截然对立于恐怖主义者，后者摧毁自己只是为了致残以及谋杀他人。这就是为什么艾略特同时也敦促我们不要去考虑行动的结果。事实证明，对于未来有利的行为恰恰并不以此为念。通过沉思死亡，我们得以从功利性的狭隘愿景中解脱，如野百合一样自由地生活，将自己与他人的存在都视为一种自生自灭之物。这就是所谓的"向死而生"如何与生命的丰饶联结在了一起。死亡之思伴随着一种令人振奋的鲁莽，尤其是在我们与他人的交往中，这是一种确实存在的状况，而并非某种玩世不恭的漫不经心。

71

---

1 William Desmond, *Perplexity and Ultimacy* (New York, 1995), p. 53.

由于我们无法活着看到我们最终行为的影响，这些行为的累累硕果就与它们的无私联系在一起，就像一位殉道者无法活着见证其为他人带来的好处。投入而又不计回报，这是最值得赞扬的。我们的行为被从紊乱的因果链上撬动，从时代的崩坏之中被抽离出来。正是因为如此，当行动仅仅是以其自身为目的，就难免萦绕着令人厌恶的死亡气息。在对于历史性影响漫不经心的忽视之中，他们似乎直接触及永恒，并也因此直接触及死亡。对于雅克·德里达来说，从某个层面来看，一切道德行为都是要将我们带向死亡的在场，这是因为我们的有死性标明了我们脆弱的极限，而正是这种脆弱在道德命令中对我们言说。只有至死都信奉这一种命令，并去证明它的必要性，才是德里达所认为的真正的道德行为。[1] 也许这种看法把死亡说得太重了，就像海德格尔把重点落到了它的严重性上，而没有落在它的日常性上。在这样的观念里，说死亡是庸常的就如同说死亡是过度疯癫的一样，无异于一种诽谤。

我们之所以恐惧死亡，其中一个原因是它似乎能将我们曾有的一切都抹去。既然我们终会归于尘土，那么我们为什么还要费心去每天刷牙，还要好好镶套它们，仿佛我们是一

72

1　参看 Jacques Derrida, 'Donner la mort', in J.-M. Rabate and M. Wetzel (eds.), *L'Ethique du don* (Paris, 1992)。

个小型武器制造商一样？我们天生就是目的论者，无论如何无法寄托于永世，这可能是种我们无法忍受的脆弱。我们的所作所感无论有什么价值，这些最终都会随风消逝，这一点对于我们来说是很难接受的。因此就有了比如伍迪·艾伦的《安妮·霍尔》里主角那样的态度，他就像是一个拒绝做家庭作业的学生，他这样做的依据就是宇宙一直在膨胀，而总有一天会完全爆裂。（托马斯·内格尔就指出，不管怎么说，如果我们今天所做的事在100万年后就不再重要了，那么反过来也一定是正确的，时间尺度对于我们来说也一样无足轻重，于是这位学生狡辩的基础也就是可疑的。内格尔提出，无论在何种情况下去声称某事某物在百万年间无关紧要，那也是因为它在当下是紧要的。[1]）塞缪尔·舍弗勒在《死亡与来世》中采取了一种具有更少天启意味的视角来解释这一观点，他指出人类这一物种在肉体死亡之后，至少在一段合理的时间内仍能存活，这一假设对我们通常的价值观来说是异常重要的。

情况确实如此。证券交易所，还有癌症研究、抵押贷款申请以及关于古希腊的入门课程，如果我们知道世界即将走向终结，那么这些东西就都会崩溃，但是舍弗勒有点太不重视这样一种灾变的积极方面了。宣称世界正迅速走向寿终正

1　Nagel, *Mortal Questions*, p. 11.

寝最为著名的历史档案就是《新约》，但以它的观点来看，这种信仰的道德意蕴并非要用连篇累牍的素材窒息我们的价值

观。正相反，在审判日的光芒中看待这个世界，这使得真正的价值得以显现。因为在审判日到来之时，再也没有时间在资产交易和婚恋市场上殚精竭虑了，不管是砍伐热带雨林还是入侵别国领土也都不再具有诱惑力了，友爱和公正成了仅剩的重要之事。历史的终结视角将历史自身从世俗的暴政之中解放了出来。"纯粹"的价值——也就是价值仅依凭其自身——是不受后果和环境影响的，就像那句口号所说的："让正义伸张，纵然世界因此毁灭。"在这种不可动摇的笃定中，这样一种生命形式就归属于一种真正的美德。在这种视角中所蕴含的道德律令并不是"总是去做有益于后世之事"，而是"总是像你与历史行将终结那般去行动"。从这个层面看，永世就在于此刻和当下的幽微之中，隐藏于此在不可测的深渊之中，这一点无论对基督教"福音书"还是威廉·布莱克来说都是如此。这正好与通常的误解相反（威廉斯、内格尔和舍弗勒都持有这样的误解），这种误解认为宗教信仰的重中之重就是"幸存"或者一种无限制的"永世"。正如我们所看到的，永世（eternity）不能和永久（perpetuity）相混淆。基督教的核心事件并不是幸存，而是复活——一种激进的转化，它与安慰性的持续"存活"（living on）总是处于争执之中。

以一种对某一后果恰当的漠视态度行动，这就把时间终结之时折回到了当下之中，并也因此创造了一幅永世的精缩图景。想一想约瑟夫·康拉德的《诺斯特罗莫》中胆小的赫希（Hirsch），读者会对他突然啐向刽子手的行为感到震惊，因为他知道，除了脑袋上挨一颗子弹之外，这一行为不会有别的后果了。那些将自己的死亡完全归于自己的人，已然蔑视最骇人的恐怖，并也因此享有了一种罕有的充沛自由。当一个犹太人抗拒纳粹让他杀掉另一名犹太人同伴的命令时，毫无疑问是他意识到他的这一行为不会带来任何后续的后果了——他的同伴无论如何也都会被杀害，而他将因此遭遇自己的死亡，这一种族灭绝行为也将毫不动摇地铺展下去。不过，这并不是说他的行为只是一种无谓的反抗。毋宁说，他为自己承认这样的一个真理而殉道，即在这个世界里爱与悲悯并没有彻底绝迹，而只有当这些概念都不再明晰可见之刻，才是灾难真正降临之时。他同样也是为了让自己的死亡完全归于自己而殉道，将死亡从某种屠戮他的外部力量那里救赎回来，成为一种自由的行为。莫里斯·布朗肖写道，生命的终结是一种自由选择，"我们的死亡将成为这样的一个时刻，此时的我们比任何时刻都更是我们自己"。[1]

1　Maurice Blanchot, *The Siren's Song* (Brighton, 1982), p. 149.

这样的视角是与所有历史主义者或者进化论者的视角截然相反，它理应饥渴地对待每一刻如其为绝对一般，将其自身从耻辱的周遭中解脱出来，同时身在历史之中又抽离于其之外，由终结之时起死，而非仅仅陷入其中。让－约瑟夫·古就说道，俄狄浦斯对于死亡的执着几乎贯穿了他的一生，使他如同悬置在生死之间：

> 这就不再是一个孤立的事件了，而更是一段永远无法完成的旅途，必须总是被重启和延长。这是一种毕生萦绕着的临界状态（阈限时刻），成为一种整体性存在的生命状况。在其整体性之中，人的状况就像一个阈限状态：这也许就是我们从俄狄浦斯身上所能够归纳出的新道德。[1]

不用怀疑，这就是当圣保罗说我们每时每刻都在经受死亡的时候他所想到的东西，而这也是"福音书"中将耶稣之死视为对他的洗礼的原因所在。西奥多·阿多诺强调过："哲学能够被负责任地加以实践的唯一途径，就是不遗余力地去沉思一切事物，在救赎的立场上令它们显现为其自身。"[2]

75

1　Jean-Joseph Goux, *Oedipus, Philosopher* (Stanford, CA, 1993), p. 184.

2　Theodor Adorno, *Minima Moralia* (London, 1974), p. 227.

一切的人类活动都有一层死亡的灵韵萦绕于其上，无论是好是坏，皆不可避免。死亡的绝对性能够在日常生活中处处得到回响，这是一种不常见的理解方式。如果不这样，对于生活世界（*Lebenswelt*）来说，死亡就是一种过于剧烈的剥夺以至于不能被容纳。在日常生活中，我们不可能对如此惊人的变故习以为常，比如伴随着管风琴的声音被人扛进一座小礼堂。无论我们在活着的时候创下了什么丰功伟绩，也没有一项能够与永逝这一纯粹的戏剧分庭抗礼。在世俗年代，死亡是关于绝对的所剩无几的残留物，同时还要忍受流行的正统观念的搅扰。对于如今统治着全世界的顽固实用主义者们来说，完全地弃绝存在实在是太超现实、太过激的情态了，这也是为什么这样的视角如此得不到普遍认可的原因之一。在某种观念中，走向死亡并不是常态，仿佛死亡就完全不在我们能够触及的地方，它被归于某种无法言说的语无伦次。死亡是意义的毁灭，一种纯然赤裸的真实，但同时就这一对于我们而言惊天动地的事情来说，我们却又感受不到它必然藏有什么重大的预示性意义。如果说在萨缪尔·贝克特的世界里没有死亡，只有一个径直的瓦解过程，这是因为在这样一个惹人质疑的宇宙中，一个事件将会被证明它能够被多么赤裸地界定出来，甚至想要在树上吊死自己这件事所需的决心都远非其所能及。放弃这个或者那个目标并不足以引导我 76

们放弃一切，后者意味着完全摆脱现在的秩序。死亡的绝对本性也许就是它之所以如此吸引艺术家的原因之一，因为它是我们所拥有的最接近于纯粹创造的类比项。将某些东西从存在之中抹去，其奇迹程度似乎完全不亚于将它们带入存在之中。

以救赎的视角沉思一切事物，这就事关忏悔——一个更高的命令。我们也许会认为，这样宏大的事情只能由那些坚毅忠诚的人来担负，这样的人我们称之为殉道者，但至少对于基督教来说并不是这样。殉道是每个人在原则上被召唤的一种状态。因此某种极端主义行为就是司空见惯的。追求正义也许会让你惨死于世俗政治体制之手，无论是在髑髅地还是在情报机构的秘密监狱里。和悲剧一样，殉道是一种从自然里某一原本纯粹的事实中获得感知的方式，它让我们的有死性能够被言说。实际上，正是通过这种方式，死亡得以让重大至极之事与琐碎平常之行耦合在一起。恩斯特·布洛赫强调："没有什么事会如此诡谲而残暴，如飓风那般摧折每一个人。"[1]死亡就是一个全然自然的现象，只是很少能够被如其所是地经验到，一旦发生就注定是不平凡而又不可思议的。事实上，对于这一灾难性的损失无人能够幸免于难，只有融入

1　Ernst Bloch, *The Principle of Hope* (Cambridge, MA, 1995), vol. 3, p. 1105.

它那全然的异质性之中，好像每一个街角都可能是李尔王们和安提戈涅们的流亡之处。J. M. 库切作品中的一个人物曾如此议论:“人类的死亡是人类的本性，你无法阻止它。”这种不可思议之事一直在发生。最平常的时刻往往藏匿着最具灾难性的潜能，每一个瞬间都可能是死亡侧身而入的窄门。对于 77
个人来说，死亡是全然的非凡之事，而死亡本身在本性上又是平常的，这一反差是如此惊人。

死亡一面是精神之是[1]或者说一个人的独特性，另一面则是其在生物学层面上又并不重要。这是一个自然的状态，这一事件无可避免。但是其所设立的文化模式却并非被如此设想，也不会让它以某种一般性的模式发生，这就遗留下了大量的偶然。比如性就是自然领域与文化领域之间同样令人困扰的事情，无论是过度拔高还是语焉不详都很难避免。随着这种语焉不详愈演愈烈，就会出现塔西佗所记录的提比略大帝所做的事情，他被传言要为日尔曼尼库斯之死负责，于是他不得不为了那显得缺乏敬意的葬礼安抚罗马人民，[2]提醒他们

---

1 是（*qidditas*），拉丁语，指事物的类属所是，即实质之“是”。在海德格尔哲学的语境中，指一种非技术化的本质认识。——译者注

2 日尔曼尼库斯是当时罗马最受人民爱戴的贵族，战功卓著，却在凯旋途中离奇患病身亡。当时有传言说提比略谋害了他，而提比略也没有出席日尔曼尼库斯的葬礼，故而引发了罗马人民大规模的不满，导致城市停摆。提比略不得不发表公开声明平息人民的愤怒。——译者注

人终有一死，只有国家是永世不朽的。[1]与这种精神类似，克劳迪亚斯（Claudius）向怒不可遏的哈姆雷特指出，死亡是自然循环中的一环，而对此过度哀恸、妄想去抵抗它只会招致病态的自我放纵。这真的是再正确不过的了，但是哈姆雷特认为死亡是过度的和无法忍受的，这也是正确的。不过这个看法是否有价值就是另一个问题了。戏剧史上这一最负盛名的演讲就是关于这种犹豫不决的：一面是没有价值的人生，一个人只能恭顺地忍受他所经受的折磨；而另一面则是更为英雄主义地扼住自己的悲情，并将这一切引向终结，尽管其代价就是自己也同样走向终结。

死亡拥有一种不容置喙的权威。伊丽莎白·鲍恩在《心之死》中注意到她的一个人物终其一生，只有在垂死之时才第一次成了坚强的角色。和爱一样，死亡会探索出一个人最独一无二之处，深刻地凸显了他们的不可替代性。如果一个人渴求一种良性的本质主义形式，那么他就可以在此找到它。柏拉图谴责悲剧的一点就在于，悲剧通过向我们提供死亡的形象，让我们想起了我们的孤独，这将会掏空政治得以有效的根基。而对于黑格尔来说，死亡就如同法一样，它是一种普遍真理，然而同时也让我们遭遇了我们作为个体自我彻底

78

1　Tacitus, *The Annals* (Oxford, 2008), p. 97.

的不可还原性，既是被抹平的，又是独异的。比如说人类身体，它既是外在的宿命，同时又在根本上是属于我们自己的；它既是一个区分的对象，又是一种共同条件。如果说在某种意义上是不可分割地属于我的，那么它也可以像香肠肉一样大量生产。普里莫·莱维曾说过，死亡在纳粹集中营里是一种琐碎、庸常的官僚机构事务，在集中营里的死亡很难在日常琐事中有辨识度。在亨利·詹姆斯的《丛林怪兽》中，叙述者终其一生都在为某一异常事件惴惴不安，最后他才发现，他所恐惧的最终会出现的怪兽也就是一种空无，一种庸常的无事发生，一个被扼杀的契机。

正如斯多亚学派所说的那样，我们可以选择去凸显死亡那平淡无奇的本性，以塞涅卡在《致玛西亚的劝慰书》中的方式来对待它，即并不只是把死亡当成一个木已成舟的事实来接受，而是承认它确是一种力量。如果以此视角来看待死亡，那么它就恰好站到了被剥削者的一方，解放奴隶，激活那些在监狱里被判无期徒刑的奄奄一息的人，疏泄他们无法承受的痛苦，以平静代替对抗，消除悬殊的贫富差距。我们很难想象会有比这更有力的革命力量了。在塞涅卡的眼中，死亡绝不是希望的毁灭，相反它是希望最鲜明的景象。确实，那些被死亡释放或者从痛苦中得以解脱的人很难在这一令人钦羡的事态中得到什么愉悦，但是这一事实提醒了我们，自然已然体贴地赋予了我们终结自身苦难的方式（自杀），无论何时都可以。何处有死亡，何处就有希望。

　　对于托马斯·曼笔下的托马斯·布登勃洛克（Thomas Buddenbrook）来说也是如此，但是层次又有所不同。他在死前不久才掌握了一种关于死亡的视角，那是一种比塞涅卡般的冷静更为激烈的自由形式：

> 死亡是一种愉悦，它如此伟大，如此深刻，它只有在现在这样的启示时刻才能够被梦想。死亡是从难以言表的痛苦流浪中归返，是对于某种致命错误的匡正，是卸去枷锁，是终于被打开的门——一个可悲的灾难又一次被正确归位。

托马斯的视角是令人动容而又神秘的，足以令人肃然起敬。不过正如余下的章节所要澄清的，这种视角也牵扯到一种二元论的可疑版本，因为在这样的视角中，真实的自我被囚禁在它的凡身肉体之中，并将由死亡释放，成为普遍灵魂的一部分，比以往任何时候都生机勃勃。在所有这些来自死亡的启示之光中，我们很难忽略掉在其中个体是如何被保护而免于解体的。

　　对于斯多亚学派来说，有死性中有着一种绝对平等主义的意涵，这就是 W. B. 叶芝所说的死亡的"鲁莽"（discourtesy），一枚很难被咽下的苦果。它无情地抹平差异，有着一种乌合之众的意味。叶芝的看法号召人们"在坟墓面前扬起嘲弄的嘴角和蔑视的双眼"，这显然是一种占据支配性地位的招摇之态，他为自己写下的《在本布尔本山下》就是令人悚然的渎神墓志铭。伴随着这种高贵的傲慢，死亡于是被拆解，丢在盎格鲁—爱尔兰绅士们的脚下。这样的人对自己的有死性冷眼相看，如同对待一个无礼的仆从。不是去狂怒地对抗死亡，而是以冷眼刺透它。当弗吉尼亚·伍尔芙坚称一间属于自己的房间是必需的，另一位被叶芝风格哺育的精神贵族里尔克则在《马尔特手记》中写道，一个属于自己的死亡正变得越来越求之不得。一个人必须以真正的死亡之名来对抗那些陈腐的、现成的死亡样式，而在这一点上，现代性正向我们倾销着太多千篇一律的东西了。死亡甚至已经被暴民所劫掠。"对于死亡的无知正在摧毁我们"，索尔·贝娄《洪堡的礼物》中的人物查理·西特林（Charlie Citrine）就如此评论道，这无疑是一个会得到里尔克支持的判断。如果我死了，那么其他人也是一样，这样一个事实也许听起来像是对某些人的宽慰，但是对于里尔克来说，这只是小资产阶级的无礼罢了。

里尔克没有看到的是一种确切的匿名性正是死亡的本性所在。正像总是与它同时出现的爱欲一样，死欲对人们来说绝无敬意。性放纵中可交换的身体，在某些层面上和集中营

80

里的身体别无二致。但它还是会显示出内在欲望的非人性化，就像死亡驱力一样，它承载着一个人存在的核心，却有着无法和解的冷漠倾向。在这一层面上，死亡既是切近的又是异己的——用海德格尔的用语来说，是一种隐含在最深处的此在之可能，不过那也是自我中心处的一个盲点，很难被聚焦，并且对于主体性自身来说就如同另外一个陌生的名字。本雅明谈及悲剧英雄的解体时说道，这一过程是"亲和的、个人的和内在的"，而与此同时也能看到他在解体面前畏缩，如同畏缩于某种古怪的力量。[1] 如果在某种意义上死亡的否定就是主体的最终圆满，那么只有当自我一致成为不可能之时，才是我们完全达成这种一致性之时。

81　　　虽然叶芝对于死亡的蔑视气势汹汹，但是在他的蔑视之中也有着一些寄托于死亡的东西。从圣保罗的"死亡，你的毒刺何在？"到约翰·邓恩的"死神，你也将死去"，嘲笑死亡是一种光荣传统，展现出自大的姿态，然后尖刻地削减死亡那庞然大物的凶相。这是一种以彼之道还治彼身的做法，因为死亡就是那个享有盛誉的揭露者自身，揭露者同时被揭露，喜剧与悲剧一体两面。在热切的虔信与跃动的野心面前，我们都将不可避免地走向彻底的毁灭。基督教信仰就是这种

1　Benjamin, *The Origin of German Tragic Drama*, p. 114.

以牙还牙、猜猜看游戏（handy-dandyish）的风格，复活反过来就使得死亡化为虚无。死亡那骇人的力量，就像那些咆哮君主们的虚张声势，被揭露之后就如同伪币那样一文不值。毫无疑问，就像阿尔贝·加缪在《西西弗的神话》中评论的那样，总有一种面对死亡的骑士精神，没有什么命运不能以轻蔑去超越；然而同样真实的是，即便是这些智慧、讽刺和嘲弄，同样也是蓄力待发、对抗致命毁灭的资源。就像律法一样，死亡是高深莫测、无法平息的暴虐力量，它总是威胁着要去分解人类主体直至残破，迫使它面对自身毫无价值的存在，并猛烈地破坏它的身份和主权。如果对圣保罗来说，律法就是将死亡带入尘世的东西，它不经意地滋养着罪，它同样也是一种有死性的图像；而在使徒的视角下，在耶稣的受难与复活之中，两者是被一道征服的。复活不是对于死亡的摧毁，而是转化、重新解释、重新塑造，并且在如此客观的层面上不再对死亡感到恐惧——无论它有多么的可怕，就像孩子们被一个他们知道是幻象的怪物恐吓一样，我们总是坚持这样做。

　　基督教也许可以揭穿死亡，但它也还是将其视为一种令人厌恶之事。它之所以是令人厌恶的，是因为它终究还是关涉一种无法挽回的失落，让我们不得不看到我们所拥有的是如此之少；不过也正是因为它将我们暴露给了一种难以忍受的欢愉，因此我们拥有的又是如此之多。圣保罗在《哥林多 82

前书》中无疑认为死亡是人类之敌，它并不是通过激烈的对战围剿一个人，而是诱惑人们冒失地去拥抱它。神学家赫伯特·麦凯布非常直率地将死亡说成是"一种暴怒"[1]，我们没有什么途径能证明我们有能力达到与死亡等量齐观的疯狂与无节制。就像弗洛伊德式的超我，它所需求的是荒谬的极致效果。同样也像超我一样，它无法认识到我们几无能力去接受这种极致。

在基督教"福音书"中，死亡是被接受的，而不是被认同的。哲学家加布里埃尔·马塞尔就谈到了一种对于死亡的"非屈服接受"。我们不应该让它的普遍性削弱我们对它强硬性的认识，就像品性高尚的公民对于达达主义者一些疯狂的作品采取一种视而不见的窘迫态度那样。死亡是暴力、过激和蛮不讲理的，把我们与所爱的人分开，将我们的计划轻蔑地归于尘土。事实上这也是自然的——正如马克思所评论的那样，这是物种对个体施诸影响的方式，而非安慰。灾疫是自然的。如果我们应当自由地去顺从死亡施加于我们的凌辱，那么这也并不是因为它至少有什么能够被容忍的地方，而是因为走向死亡关涉一种自我牺牲形式，而对于生命来说，这也同样是最有价值的。

---

1 Herbert McCabe, OP, *Hope* (London, 1987), p. 24.

走向死亡最简单的方法，就是让位于主体核心处无法平息的否定性，这就是弗洛伊德所说的死亡驱力。这不仅仅是说死亡随之会变成一种狄奥尼索斯式的欢愉或者某种迷狂的消解，而是我们能够全然放任诸如此类的对于生命那腐蚀性的敌意，我们愠怒地拒绝生命那是似而非的诱惑，将一个受挫的婴孩的愤怒剧烈地转而倾泻于父母身上，后者品性上的缺失已然被揭露得无处遁形。不过，以这种嫌恶之姿来渲染死亡也未免太过轻率了。因此，这一问题必须在这样一种层面上才能得到恰当的解读，即死亡是否会是我们为了某些事物的珍贵性而做出的牺牲，而这也将成为它价值的源泉。接受自己的死亡是一种谦卑的行为。接受死亡也就是要去认识到，在如此众多的无根可寻的存在（Being）之中，我们的存在就是其中的一个能指，而我们自己则无法支配。去承认我们的无足轻重，这也就是认识到存在自身真正之所是，在一种至高的现实主义行动之中，在任何最为充分的意义上，这无疑都超出了我们的能力范围。

* * *

在 J. K. 罗琳的《哈利·波特与死亡圣器》中，主角被劝说必须"接受甚至拥抱死亡的可能性"，而对于莎士比亚《一报还一报》中的克劳迪奥（Claudio）来说也同样如此：

如果我必须去死，

我将邂逅黑暗如迎娶新娘

以我双臂拥她入怀。（第三幕 第一场）

以海德格尔式的措辞来说，克劳迪奥因（属于自己的）死亡
而自由。[1] 我们应当注意到，他正在言说的恰恰是如果他被
死亡所召唤，他要如何面对死亡，而非像哈姆雷特那样只是
渴望被赦免。在这个问题上，他和我们所熟知的悲剧英雄的
谱系似乎背道而驰，索福克勒斯的安提戈涅、拉辛的费德尔
（Phèdre）、毕希纳《丹东之死》的同名主人公丹东、易卜生
的海达·高布乐（Hedda Gabler），还有尤金·奥尼尔《卖冰
的人来了》中的希基（Hickey），所有这些悲剧主角都以不同
的方式陷入对于死亡的爱之中。克劳迪奥严格来说并不是一
名殉道者，因为他并没有将他的死作为某种礼赠给予他人。
但即便一个人确实是一名殉道者，他的行为效果也往往是间
接的，他们总是誓死捍卫对他人福祉至关重要的原则。这种
爱欲与死欲的协同发生是如此的蓬勃，甚于弗洛伊德的任何
表述。即使如此，克劳迪奥对于死亡的勉为其难也与殉道者
很相似："我有活着的愿望，而我也有去死的准备"，他如此对

1　参看 Martin Heidegger, *Being and Time*, 7th edn, trans. John Macquarrie and
　　Edward Robinson (New York, 1962), p. 243。

公爵说。如果他必须命丧于此，那么在爱欲与死欲交织在一起的美妙悖逆之中，他被猛烈而温柔地爱着，死亡也因此被卸除。里尔克在他的《杜伊诺哀歌》第四部分谈及了这样一个奥义，即将死亡"铭记在心，举重若轻，而又不拒绝继续生活"。在克劳迪奥那里发生的是"命运之爱"（*amor fati*）的胜利，他通过热切地追求死亡而超越了死亡，将死亡赢到了自己一边，并由此化解了它的恐怖。积极排演自己的死亡，这无异于从失败的虎口中拔牙，无中生有般地博得胜利。通过在意义终结处寻找意义，从既成事实徐徐关闭的缝隙中抽拽出某种价值。如此一来，这就是一个悲剧世界的缩影。在《安东尼与克里奥佩特拉》中，安东尼的喉咙中也回响着克劳迪奥的词句：

> 而我将会，
> 在我的死亡中做一个新郎，我热情地奔向它，
> 如同奔向爱人的床。（第四幕 第 14 场）

和克劳迪奥一样，安东尼所言说的也是，如若他必将要死，他将会如何赴死，这并不是在表达对于死亡的任何渴望之情。他并不比克劳迪奥更像一名殉道者，因为他并没有要将自己的死亡馈赠给他人。但是也像殉道者一样，用拉康的话来说，在对于自身匮乏的设想中，他找到了自己存在的真

相。由于无法在自己的欲望层面有所舍弃，他只能在死亡中继续供养它，将爱欲与死欲融合在一起，于是发现自己已然被转入生与死之间某些奇异的阈限区域，就像所有那些被对于真实的欲望所占据的东西一样。[1] 在悲剧中，这样一种半挑衅、半顺从、半赞同的传统充斥始终，从约翰·福特的《可惜她是个娼妓》中乱伦的吉奥瓦尼（Giovanni）和安妮贝拉（Annabella），[2] 到瓦格纳的《崔斯坦与伊索尔德》[3]中迷狂的自我解体，以及在易卜生《罗斯莫庄》中约翰尼斯·罗斯默（Johannes Rosmer）和蕾贝卡·韦斯特（Rebekka West）的"爱之死"[4]。（注意到这一点很重要，那就是后来有太多的文艺作品的主题都是关于死亡、救赎或者复活的，从莎士比亚、弥尔顿、歌德到狄更斯、瓦格纳、易卜生、托尔斯泰、乔伊斯还有 T. S. 艾略特。）这些人物都能够在充分寻求打破死亡

1　参看 Terry Eagleton, *Trouble with Strangers*: *A Study of Ethics* (Oxford, 2009), part 3。

2　约翰·福特（John Ford），詹姆斯一世时期著名的"后莎士比亚"剧作家之一，这一时期的剧作由于深受宗教冲突影响，出现了大量的乱伦和血腥题材，用以丑化天主教。《可惜她是个娼妓》中，吉奥瓦尼和安妮贝拉明知彼此是兄妹关系，仍然执意乱伦，并最终以血腥的悲剧结局告终。此剧对当时英国剧院的长期关闭有着直接影响。——译者注

3　《崔斯坦与伊索尔德》（*Tristan and Isolde*），一般指瓦格纳改编的歌剧，原著是德国中世纪著名诗人戈特弗里德·冯·斯特拉斯堡（Gottfried von Strassburg）的同名史诗。——译者注

4　"爱之死"（*Liebestod*）实际上是《崔斯坦与伊索尔德》最后的一个唱段，伊格尔顿此处大概是要表达两者有着共同的主题。——译者注

85

驱力强制的过程中虽死犹生，以权威的姿态面对死亡。他们的目的是要将一种必然性转为一种自由的形式。完成这种转化也就是要去承担见证真理的重责，去见证那些在人的主体中比其自我更为重要的东西——拉康式的"物"（Thing）或者"肇因"（Cause），它们象征着绝对的价值，并且也是为了这些价值，这些大写真实的旁枝错节总是准备着去牺牲它们那重要的存在。这种行为指向过剩与对自身的超出，而正是这些东西造就了主体之所是——对于这种过剩来说，传统上就以上帝为名，但是同时也会假借其他名号：荷马时期英雄的荣耀，塞缪尔·理查森笔下克拉丽莎（Clarissa）的贞洁，萨特作品中主角的本真性（authenticity），威利·洛曼（Willy Loman）和艾迪·卡朋（Eddie Carbone）在同事中间的好名声，[1] 以及雅克·拉康的死欲。

随着对死亡的立场逐渐深入，在《一报还一报》中和克劳迪奥对立的人物就是精神病死囚巴那丁（Barnardine），即将到来的处决在他心里完全不算一回事，他醉生梦死的存在已经是一种死亡了。同样，巴那丁也是兰佩杜萨《豹》中主人公的对立面，他"已经做了他所能做的全部，如此严肃认真地让自己面对死亡，正如他与此同时也以同样的态度继续活着"。就像

1　分别是阿瑟·米勒《推销员之死》与《桥头眺望》中的人物。——译者注

吉奥乔·阿甘本笔下的"Muselmann"[1]一样，巴那丁没有正视死亡的能力，因为这种旨在获得意义的能力已然抛弃了他。于是，他的冷漠将他塑造为了一种对于国家的颠覆性威胁。随着他继续对他的将死保持冷漠，权力就不再能够控制他，并也因此名誉扫地。当你像巴那丁那样向死，那么你就要在他人有机会将你变成一团冷冰冰的肉之前先向自己下毒手，你蛮不讲理地预先就掌握了死亡的权威，并且不留下任何能够对你进行否定的东西。这一精神上的懒散者享受着狱隶所说的"监狱里的自由"，因此必须劝说他"乐意去死"。除非他以某种方式在生前就排演自己的死亡，使其成为自己的，否则死亡就不会被算作他一生中的一个事件，并也因此对其应当具有的重大意义无动于衷，而死亡的重大性恰恰是国家有所图谋的东西。就像约瑟夫·康拉德《密探》中发狂的无政府主义教授所说的那样："我依凭着死亡，它无所顾忌也不会被攻击。我的优势显而易见。"

以吉奥乔·阿甘本的观点来看，巴那丁就是一类"Muselmann"，悬置于生与死之间。集中营之所以会出现"Muselmann"，这是某种创伤已然被撕裂到极致，以至于湮灭

1　Muselmann，奥斯维辛集中营中的一个术语，用来形容动物般生活的"活死人"，也就是阿甘本所说的"赤裸生命"。这个术语指集中营里的囚犯被剥夺了一切属人的身份、社会角色以及道德，处于一种最低限度的生存状态，甚至出现囚禁者之间为了能够生存下去而互相残害的情形。在有些中译本中，本词被翻译为"穆斯林"。为免歧义，本书保留原文。——译者注

了主体自身的结果。"Muselmann"于是便是使其自身的死亡得以苟延残喘的受害者，这些人的身份已然被碾碎且无法复原，即便如此却仍然如自身的鬼魂那样活着。对于基督教来说，这种情形就是魔鬼所为，只有通过一种针锋相对的死亡转化才能够克服，也就是主体需要经历洗礼，这样一来其死亡也同样得到了延缓（这次是通过象征性的沉落），但是这种延缓却要比奥斯维辛中那些魂不守舍的被收容者更为主动且笃定。从这个角度看，通过某种神圣仪式中的"创伤"可以遭遇到基督的死亡与复活，以此一个人就能够通过将死亡转化为一种生命形式，或自我奉献而得以幸存，从政治层面上讲，这就站在了纳粹集中营的对立面。

87

一名殉道者无论在何处都要寻求向死而生的可能，并且是在躯体的易朽之中寻求它的化身，而非仅仅是一个将要发生的事件。巴那丁所表现的就是对于这种情形的一个戏仿。他和克劳迪奥都在拥抱虚无，但是他接受死亡的方式与犬儒主义或者虚无主义不尽相同，就像剧中市侩的卢西奥（Lucio）那样，这样的向死姿态将所有的价值摊平，所有的优越都被他击溃，而这样的一种预设姿态就把所有这些价值带入了一种需要矫正的视野中。如果在一种徒劳无用的预示中，生命不过是死亡的前兆，那么放弃一个人的存在也就无所谓证明了什么。这也就是巴那丁并不恐惧死亡的原因之一——和克劳迪奥不同，后者一想到死亡就震动不已。因此，事实上克劳迪奥是恐惧自己的死亡的，并也由此认同了其中的价值。垂死由此就变成了一项艰巨的任务，而非一种道德上的懒散。

蒙田曾经写道："不要厌恶对于死亡的思考，那其中有着我们能够享受生命唯一的真正可能。"[1]以一种斯多亚式的立场，他的意思是说真正地去品味自己的生活，这件事情可能关乎一种思辨透彻的内在超然，而这已然预示了他的终结。真正的享受必然关乎对这种享受自身的充沛意识，而失心的沉迷则不然。盲目沉浸其中的人才会视死亡为一种恐惧，反之那些有充分自我意识的人则总在他们的欢愉之中仍能正视死亡。殉道者拒绝这个世界恰是出于对世界的爱，在这个被他们所爱的世界里，他们的行为才区别于自杀。"这个人爱世界而非天堂，爱得不惜生命"，这是华莱士·史蒂文斯诗中的一行。自杀是对于生命的丢弃，这样的生命因此变得毫无价值，反之，殉道者则是被迫放弃了他们所珍视的东西。然而这两者的区分似乎不是那么直观。当圣约翰宣称要唾弃这个世界的时候，他所以拒斥的是让耶稣殒命的那些毒瘤般的世俗建制和权力，而不是要拒斥世界中作为物质层面的造物，这个层面的世界是被祝福的，因为它是上帝的制品。因此约翰评论说，正是通过派唯一

88

---

1 Montaigne, *Essays*, p. 401.

的儿子来救赎世界，上帝为了这个世界而受了难。

圣保罗在《以弗所书》中写道："因我们并不是与属血气的争战，乃是与那些执政的、掌权的、管辖这幽暗世界的……争战。"殉道者所否决的不是肉身或者其他物质领域，而是对抗压迫的权力组织。一个人必然会被引向凡俗之物，但不能到达欣然顺从于现实的程度，这会让统治权力脱缰而出，让他们的杀戮大行其道。对雅克·拉康来说，追随着笛卡尔和黑格尔的脚步，追随一种原初、纯粹的否定，以一种半疯癫的姿态从世界中退出是必要的——这不是在世界中的自毁，而是说若想要有意义地介入世界，那么这种姿态就是最为基础的。而就结果来说，这也就是殉道者的境遇。这同时也是洗礼的情形，在这种情形中，世界在轻蔑的言辞之中被否弃，正如主体所经受的一种象征性沉沦，而后被赋予一个全新的身份，被引入一种全新的象征秩序之中（也就是基督教共同体）。这些新的境遇是由爱而非权力来维持的。

殉道并不是作为一种宿命性的行为而被追寻。"彻底的自欺难以避免"，P. D. 詹姆斯[1]在《阴谋与欲望》中如此评论一个角色："而这最后的狂妄，乃是殉道。"那些被推上火刑台的人并不是圣人，而是鲁莽的冒险主义者，他们狂热地追求天恩

89

---

1 P. D. 詹姆斯（P. D. James），英国当代最著名的推理小说家之一，被誉为"推理第一夫人"。——译者注

降临。非常确定的是，早期的基督徒在自我赴死这件事情上有着令人惊惧的狂热，喧闹地要求自抛入虎口，砥砺于剑锋。[1] 他们中的一些人故意要激怒当权者来逮捕他们。一个渴望神圣荣耀的多纳徒派[2]异端因为渴望神圣的荣耀，会将自己献给任何他们遭遇到的带有武器的旅行者杀戮，甚至威胁他们如果不这么做就会被杀掉。圣奥古斯丁曾写道："让自己被杀，这就是他们的日常精神，跳崖、投河或者扑火。"[3]胸怀抱负的殉道者对自己的身后报偿看得很重（比如从事自杀式炸弹袭击的极端信徒），这类人没有学到艾略特《大教堂凶杀案》中托马斯·贝克特（Thomas Becket）的训诫，他警告说为了错误的理由去做正确的事，为了天国的报偿去拥抱死亡，是危险的。在艾略特的《四个四重奏》中，同一观点就表达为不要考虑行动的后果，因为在那些追求有所行必有所得的人心中，永远存在着与之相对的陷入工具理性的恐惧。问题在于，我们如

1　参看 Robin Lane Fox, *Pagans and Christians* (Harmondsworth, 1986), p. 442。

2　多纳徒派（Donatist），源自北非的基督教派，名字来源于早年迦太基主教多纳图（Donatus）。这一派别极端强调教徒尤其是神职人员的道德立场，坚决反抗在道德上不称职的主教。该派与奥古斯丁之间有过激烈的争斗，后者认为教会在最终审判日到来之前，都是善恶混合的，而传道人自身的道德立场并不影响其作为传播恩典的中介。相对而言，多纳徒派则支持对教职人员进行属人道德层面的审判。——译者注

3　转引自 Arthur J. Droge and James D. Tabor, *A Noble Death: Suicide and Martyrdom among Christians and Jews in Antiquity* (New York, 1992), p. 169; 也可参见 Brad S. Gregory, *Salvation at Stake* (Cambridge, MA, and London, 1999), chapter 4.

何在完全不会推卸自己行动后果的情况下去行动，而同时又能够不成为某种浮夸的、自顾自的存在主义者乖戾行动的牺牲品。

托马斯向死亡低头，这事实上也有其报偿，但只有当他不以狭隘的效用思维来行事的时候才会如此。同样的，如果耶稣仅仅把他在髑髅地的受难之刻视为通向死后荣耀的通行证，那么他也就不会死而复生。只有全然经历过死亡，死路才能转为地平线。复活于是并非消解了耶稣受难的悲剧性，反而浓墨重彩地标识了耶稣复生的身体所已然承载的东西。真正的殉道者是这样的人，他总是准备接受一切的流逝，甚至包括拯救的希望。马丁·路德就代表了这样的信念。因此，在 D. H. 劳伦斯《恋爱中的女人》中，是鲁伯特·伯金（Rupert Birkin）向我们显现了一旦开始想象一个更能够被忍受的未来，一个激进的自我消解者也就同时背叛了自己。从这个意义上说，殉道行为需要被履行为一种彻底的自我剥夺，就此来说所有人都总会被削弱，从必然性中提炼出某种美德。

多纳徒派异端者与马丁·路德·金的境况又完全不同，后者在他最后的演讲中给出关于长寿的美言时也预示了自己将要遭遇的暗杀。和耶稣蒙难地[1]的情况也完全不同，这是一个被"福音书"作者插入的场景，用以证明无论如何耶稣并没

1　耶稣蒙难地（Gethsemane），又称"客西马尼"，一般指耶稣被犹大出卖被捕之地。——译者注

有赴死的意念。相反，他被塑造成了一个对即将到来的处刑感到恐惧和惊骇的人。如果你不珍爱你的生命，你就没有资格做殉道者，去斩断本来就没有意义的东西不会产生任何值得赞颂的结果。为了斋月放弃喝化学试剂，[1]这无论如何不会被看作一种牺牲。在乔治·艾略特的《米德尔马契》中，西莉娅·布鲁克（Celia Brooke）说她的妹妹多罗西娅（Dorothea）"喜欢放弃"，而对此多罗西娅则回应道："假如这是真的，西莉娅，我的放弃也会是一种自我放纵，而不是自我压抑。"就像叔本华或者拉康所说的那样，历史是很容易被弃绝的，只要你一开始就把它当成废纸篓。让-吕克·马里翁曾经写到过一种似是而非的牺牲形式，在其中你完全放弃了自己的面容，无论如何都不再认为它是必要的。[2]叶芝伟大的诗作《驶向拜占庭》写到了在非常世俗的层面上的感官欢愉，而又转身背向这种欢愉。在 T. S. 艾略特的《圣灰星期三》或者《四个四重奏》中这一点体现得更为明显，这些诗篇欣然接受了世俗之物价值上的微不足道，对于它们的否定也很难有什么值得拔高之处。相反，《新约》则教导人们活得好就是要活得有意义，但同时又要求信徒

91

1　美国青年人中曾经有过这种怪异的流行趋势，一部分人相信喝漂白剂可以消除体内的药物残留，这也从一个侧面反映了青年人滥用药物的社会状况。此处作者可能是在指这一曾经的流行话题。——译者注

2　参看 Slavoj Žižek and Boris Gunjevic, *God in Pain: Inversions of Apocalypse* (New York, 2012), p. 51。

们在必要的时候舍弃性命。如果说这是一个艰巨的要求，这也并非因为死亡是可怕的，而是因为富足的生活是难以割舍的。

我们大可以如此主张，如果没有什么东西值得让一个人放弃生命，那么这样的生命实际上是贫乏的。对于殉道来说，生命是如此的甜美，甚至死亡都要受其供养，死欲始终被爱欲所束缚。为了让生命有价值，殉道者不得不放弃自己的生活。这就是为什么我们往往很难说清一个人的死是不是出于他本人的意愿。如果这是一个自由的决断，那么它同样也是一个被难以忍受的境遇强迫做出的决断，就像一个不想葬身火海的人从高楼一跃而下。说殉道者选择去死，这个说法是不确切的，但是他确实选择了在死亡面前捍卫某种原则，或者说选择了一种生活形式，这种生活形式让他殒身的决断或多或少是不可避免的。一旦他们这样去做了，他们就非常典型地将垂死行为逆转为了一种公共剧场里上演的剧目。比如理查森的克拉丽莎，她决意以一种庄严的、精心布置的公共仪式投向死亡，在这一方面她可以说是典范，甚至有些极致。正如戴维·伍德指出的："去成为一个牺牲者，也就是说去将自己的个体生命转入某种超越个体性的重大意义之中。"[1]

---

1 David Wood, *The Step Back: Ethics and Politics after Deconstruction* (Albany, NY, 2005), p. 89; 殉道的神学阐释可参看 Nicholas Lash, 'What Might Martyrdom Mean?', in W. Horbury and B. McNeill (eds.), *Suffering and Martyrdom in the New Testament* (Cambridge, 1981).

罗宾·扬谈到殉道时，认为殉道是"命中注定要被阅读的书信，它来自共同体和这个世界"。[1] 去成为一名殉道者，就是要允许我们的死亡成为某种公共所有物，展开一种潜行的符号化形式，我们的身体在其中被转为一种记号。垂死的行为成为雄辩的演说，其中肉体所说远比任何语言更具有说服力。正如瓦尔特·本雅明写道："在受难（悲剧）英雄的出场之中，共同体学会了对他的死亡所赠予的字词表达敬畏和感激。"[2] 和爱人一样，殉道者所奉献的不是礼物或者代币，而是他们自己的身体，就像寡妇最微薄的馈赠（widow's mite）才是最慷慨的自我馈赠形式。[3] 正如亨利·休伯特和马塞尔·莫斯所评论的："奉献者放弃了自己的某些东西，但是并没有完全给出自身。他非常审慎地将自己抽离了出去。"[4] 而爱人和殉道者则不做如此的预备，对于他们来说，能指和所指、礼赠与赠品是同一的。而正像约翰·米尔班克对礼赠的论述中所提到的那样，他们代表了"真实与符号之间那最精确的

1　Robin Young, *In Procession before the World: Martyrdom as Public Liturgy in Early Christianity* (Milwaukee, WI, 2001), p. 10.

2　Benjamin, *The Origin of German Tragic Drama*, p. 109.

3　典出《马可福音》（12：41—44）。耶稣对他的门徒们说："我实在告诉你们，这穷寡妇投入库里的，比众人所投的更多。因为，他们都是自己有余，拿出来投在里头，但这寡妇是自己不足，把她一切养生的都投上了"。——译者注

4　Henri Hubert and Marcel Mauss, *Sacrifice: Its Nature and Functions* (London, 1964), p. 100.

交汇点"。[1]

殉道者的悲剧并不只是他的死亡，而是他一开始就面临着一个理所应当被要求的死亡。殉道证明了状况需要被改变，而正是这一点确立了殉道的基础性地位。如果这是令人惊愕的，至少是由于它原本是不必要的（比如贝托尔特·布莱希特对于悲剧的释义）。在一个公正的社会里本不需要去召唤这样的一种姿态。将某人的身体献祭出去，这并不是一个良好生活的图景，但又确实有可能是促成良好生活的东西。欢愉是比自我否弃更深刻的道德，而只有就前者而言，后者才有意义。[2] 如果说高贵的自我牺牲美德有其一席之地，这是因为正义和良好生活舍此之外便无可能。正如约翰·米尔班克所强调的，在一个腐败的世界中，"朝向死亡的牺牲是恢复共通感的唯一途径"。[3]

这就是一个悲剧事件自身之所是。圣餐是关于一个丰饶未来的乌托邦图景，但是为了这样的野望能够成真，在一种

1　John Milbank, *The Future of Love* (London, 2009), p. 359.

2　尽管有人可能会注意到，基督教的圣餐是集体进餐，通过大家参与到髑髅地的牺牲之中才能够实现这种欢宴，在这个意义上，以遭遇实在性的死亡为基础，圣餐建立了其象征性秩序。自我牺牲和生命的充盈在这里耦合，而非前者是后者的条件。

3　John Milbank, 'The Ethics of Self-Sacrifice', *First Things* (March 1999), https://www.firstthings.com/article/1999/03/004-the-ethics-of-self-sacrifice (accessed 30 October 2017).

自我贫乏的状态下仍然要参与分享，这也是圣餐的必要性所在。殉道者在死于一个世界的同时，也成了另一个可能世界的见证者，而殉道者之死那无法抹平的绝对性也标识出了两个世界之间的断裂。殉道者既是旧世界的受害者，又是新世界的先导者，是两种秩序之间发生革命性转换的征兆，这就是瓦尔特·本雅明《德意志悲苦剧的起源》中悲剧主人公所承担的东西。不过，没有任何东西能够保证这种转化可以平安无事地达成。这样的事业无法得到大他者任何明确的保证，这就是为什么这样的行为是一种关乎信仰的至上行为——正如让-吕克·马里翁所指出的，自我牺牲是一种在完全不知道未来是何情形下的决断，牺牲者并不知道他是会幸存还是会丧命。[1] 只有在有死性的基础上，"肇因"和"物"才能从深渊中被澄明，被完全地给予。但是某种康德式的纯粹行为总是倾向于去浸染一种"病理学"的动机——怨毒、虚伪、受虐癖、固执、病态、自恋、自我嫌恶、本能的攻击欲，都是死亡驱力那些淫秽的饕餮。克拉丽莎·哈洛威（Clarissa Harlowe）那令人震撼的戏剧化死亡中有着这其中大部分的特质。而对于艾略特笔下的贝克特来说，他的动机中是否完全无涉对于名望的痴迷，这一点也是暧昧不清的。在亨利·詹姆

1　Jean-Luc Marion, *The Crossing of the Visible* (Stanford, CA, 2004), p. 54.

斯的《鸽翼》[1]的结尾，米莉·锡尔（Milly Theale）谅解的姿态也很难说是至高的道德行为还是心机用尽的尾声。詹姆斯的女主角到底是以美好的姿态卸下了功利的包袱，还是在实施腹黑的报复呢？我们在后面会深入讨论这个问题。

无可置疑的是，殉难有其淫秽的阴暗面。自失于其中的沉溺总是与死亡驱力的色情痉挛咫尺之遥。柏拉图在《斐多篇》中，所谈论的哲学就是关于死亡的沉思，一种从低级肉体欢愉中解脱出来的思想；但是他忽略了死亡驱力中所具有的肉欲上的欢愉。正如在大多数其他人类活动中一样，能动者的行动中总有一些殉道的成分，虽然也不过是满足于知道自己正在做正确的事情。休伯特和莫斯就评论道："关于牺牲至少具有这样一个要素，即自利的算计是缺席的。这就是上帝牺牲的要素，上帝牺牲自己，而这种牺牲是无法被赎回的。"[2] 无论如何，这种牺牲的姿态都不仅仅是属人的。以殉道者或者爱者的方式将自己毫无保留地献出，与将自己以礼物或者言辞为载体的献出相比显得更为明晰，但是所有这些方式都无法逃脱能指的双重陷阱。索尔·贝娄笔下的赫索格就说道："仁慈啊，它总是被怀疑是不是得了健忘症——忘记了那些受

94

---

1 《鸽翼》（*The Wings of the Dove*），亨利·詹姆斯以威尼斯为背景的一部小说，故事情节见本书第 201—202 页。——译者注

2 Hubert and Mauss, *Sacrifice: Its Nature and Functions*, p. 101.

虐与施虐的恶毒，在现在这个时日，在当下这个年代，它总是显得好像不曾历经沧桑一样。所有高尚的或者道德的倾向都活在怀疑之下，它们总是被怀疑只是声色犬马的另一番说辞。"英国最伟大的政治哲学家托马斯·霍布斯道出的确实是真理，在他看来，给予行为就是保障与他人的友谊和互惠关系的策略，旨在获得慈善和慷慨的名望，将自己从同情的不安中解脱出来，或者确认自己在天堂中的回报。除此之外，这一行为别无用处。对于霍布斯来说，但凡是理性的生物都会贪婪地盯着自己的利益。[1] 以死作为馈赠的行为有可能被歪曲、拒斥或者误读，无法得到任何保障。同时，一个人的殉难是为了什么，这一点也无法被确切知晓，而这也正是殉难需要经受的风险。

* * *

在死亡的预兆中活着，这并不意味着必须过一种有节制的生活。在这一点上，基督教信仰与阿兰·巴迪欧的禁欲主义视角相对立，后者认为伦理与任何气味糟糕的俗念泾渭分明，比如欢愉、功效、利益、幸福或者自我实现。[2] 在

1　参看 Thomas Hobbes, *Leviathan* (Cambridge, 2010), p. 94。

2　参看 Alain Badiou, *Ethics: An Essay on the Understanding of Evil* (London, 2001)。

雅克·拉康的思想中也有着类似的禁欲品质，好比一个罗马天主教徒却有一位身为本笃会[1]僧侣的兄弟。在拉康的判断中，欲望并不在此世之中。实际上，拉康认为康德所说的庄严的道德律就是欲望在其最纯粹的域界里所是的样子，在距离快乐原则最遥远的另一边，那些不可能的欢愉才是所有目的和利益为之牺牲的归宿。欲望于是就是超验的现代版本。在对其永无止境的追逐中，上帝反而被放逐了。拉康强调欲望的形式："更直白地说是在一切事物的牺牲中达到顶点，这就是我们人类为之敏感的爱的对象——我想说，不仅仅是在对于病态对象的否弃之中，同样也在其牺牲与谋杀之中。"[2]从这个层面看，欲望位于死亡与毁灭一边，而非快乐与满足一边。相反，在某种意义上，死亡驱力则以其强制性的重复竭力截断时间的径流，表征了一种不死的方式，并因此站在了生命的一边。

无论如何，僧侣式的秩序是一种贫乏的实践行为，并没有反映出与物质生活分庭抗礼的姿态。当一个人像被没收世

---

1 本笃会是天主教隐修院修会之一，实行严格的禁欲纪律，僧侣需要绝色、绝才、绝意，是为发"三愿"。闲暇时必须劳动。罗马天主教虽然也奉行世俗禁欲主义，但是其禁欲主要是"出世"层面的，即将一切世俗之物视为拯救的威胁，通过投入"冥想"之中禁绝对于世俗之物的觊觎，因而并没有形成如本笃会这样明确的道德纪律。两者的禁欲主义之间有着微妙的差别。——译者注

2 Jacques Lacan, *The Four Fundamental Principles of Psychoanalysis* (London, 1977), pp. 275–276.

俗财产那样剥去了他的自利，并以此佐证现世宛若浮云，那么这其实也就预示了一个人的终结。去见证那些曾被天真地认为是永垂不朽的东西如此消逝，在某种层面上这也就是在确证此世权力的虚弱。在犹太教神秘主义传统中，剥离自己与物质的牵绊，这就是一种对于死亡的预演。[1] 在圣灰星期三，信徒会把土灰洒在自己的额上以示忏悔，而这同时也是对于那些表现得似乎会永生不死之人的一种嘲讽：名人、腰缠万贯的银行家、居心不良的首脑和诸如此类的其他人。这些人是无意识的真正主体，以弗洛伊德的视角来看，他们对有死性一无所知，而且也无法表征死亡。而那些能够将自我剥夺始终如一地不断排演的人，毫无疑问比那些有权势的人有着更好的契机于死亡之处安置自己，后者的特权和财产使得他们更难以切近死亡。这就是为什么在《新约》中，在那些神圣的前景之中总是潜藏着残酷的征兆。这也是它对家庭态度如此恶劣的原因之一，这是一个将男女束缚于现状之中的制度。就像威廉·戈尔丁笔下的品彻·马丁，这类人被权力或者财富紧紧地束缚在这个世界上，他们会发现自己面对死亡时竭力想要保住生命，他们无法相信如果就此撒手，并不会遇到比渐渐被淡忘更糟糕的命运。

---

1 参看 Lawrence Fine, 'Contemplating Death in Jewish Mystical Tradition', in M. Cormack (ed.), *Sacrificing the Self* (Oxford, 2002)。

僧侣和修女在某些事情上采取禁欲的态度，其中的理由和游击队员需要去做的相差不远。他们为了王国而阉割了自己，他们的任务就是要被隔离于财产和孕育之外这件事情本身，而他们被禁隔于一种属于个人的亲密关系之外，这让他们能够更好地对他人施以爱和关怀。这里的关键并不在于和性或者物质利益保持敌对关系，而是以一种更为珍贵之事物的名义暂且悬置这些东西。对于圣保罗来说，正是性爱而非禁欲才是某种将临之国的征兆。挥霍而非苦行才是某种未来的预示。天堂是慷慨的宴请，而不是肉体的苦修。婚姻和家庭生活只有对于那些为了明确目的而劳动的人来说才是最舒适的生活形式，而对于那些专注于革命的人来说则并非如此。所有的关系和契约必须在即将来临的历史终结的启示中被重新思考。其中的难题是，如何在有死性的启示中重估一切价值，而与此同时又不会像犬儒主义者或者虚无主义者那样弃之如尘土。圣保罗在《哥林多前书》中说道："用世物的，要像不用世物"，这种心态不能和某些贵族气的"清心寡欲"（*apatheia*）相混淆。积极入世而又拒绝使其绝对化，和僧侣的处世方式一样，这种意识烙印着政治斗争的标记。

以一种斯巴达式的自制，革命者并不在他将要建立的秩序中承载某种形象。就像贝托尔特·布莱希特在《致后代》中写到的，谁寻求缔造友谊，那么谁就不可能彼此友善。同样的，僧侣和修女对末世论的未来也不展现出积极的姿态。贫穷、禁欲和顺从并不是为了即将到来的赦免而采取的姿态。相反，僧侣宣布放弃世俗之物是为了证明它们只是镜花水月，并由此也确证了一种超越当下的力量。如果这样的舍弃行为被统摄到牺牲的问题范畴当中，那么随之而来的要求就是僧侣和修女必须在一个更高的层级把握这些他们所舍弃的东西（自由、性、物质财产等等），而这种放弃所指向的那个未来因而也必然是更有价值的。在这种对眼前欢愉的策略性拒绝之中，这种姿态就将他们自己转变为一种未来的消极征兆，他们未来的满足将乞于他们当下的经验。或许他们的行为可被理解为出于一种道德层面的、一种主体自身所处的状况，这样的主体只有通过自失才能被建构为一种"非－实体"。从否定性之中抽出一些积极的东西，这一行为就是一种将事实转入价值的行为。保罗一直如此坚持，即我们每时每刻都在死去，这一说法一方面在生物学层面是有效的（因为时间就意味着凋敝），另一方面也在现象学层面是有效的（因为主体本身就是一个持续的自我否定的进程）。不过这同样也是一种道德命令，它要求我们将被给予的人类状况转而理解为一种于转化中不断发生的终结。它敦促我们将必然性逆转为自由决断。

98　　　并非所有的自我奉献都是牺牲。牺牲是一种痛苦的自我奉献。牺牲更为充实的形式就是爱，自我在爱中通过被给予而得到了充实，通过被舍弃而得到了强化。但是与此同时，爱也无法逃离痛苦和焦虑的风险，始终伴随着高度的易毁性。爱是自我自失于死亡的预兆，这就是为什么以爱为期许目标而活恰是有节制地生活的反面。只有那些在自我放弃中受到过充分历练的人才真的有能力去死，而以这种方式生活同样也是一种生命的勃发。从这一层面看，死亡建构了良好生命的内部结构。正是在此，爱欲与死欲水乳交融，而所有这些都在殉道行为中融汇到了一起。

不过，相比于爱欲，博爱（*caritas*）或者灵性之爱在此是更为恰当的词汇。因为在这里，爱的关键在于它是一种恰适的去个人化的善举，并不需要与接受死亡具有对立关系，两者都是匿名性的。路德维希·维特根斯坦曾经写道："爱并不是一种感觉"，意思是说一个持续仅仅十秒的知觉可能是疼痛，但绝不会是爱。不过如果一个人认为爱就是博爱，而非情欲或者浪漫种种，那么这同样也是正确的。他不会被要求对那些被从白人奴隶贩手中救出的人表现得多愁善感，就像他们也不必对从雪莉酒会[1]聒噪氛围中逃脱的人施以同情。这

---

1 雪莉酒会（Sherry party），一般用来指浮夸的，充满了高谈阔论人士的社交聚会。——译者注

也就是为什么对于《新约》来说，爱的范畴更多指向陌生人和敌人，而非朋友。慈善是一种社会实践，而不是一种内在的空想立场。或许我们会大义凛然地希望能够代替某一位受害者，站到通往毒气室的队伍里，但是无论你私下怎么想，你其实都不是真的处于任何一者的位置上。然而，由于爱欲就是一种感性事件，它确实能够把我们与他人绑得更紧，并因此使得死亡成为一件更加艰辛的事情。而对于博爱来说却不尽然。

99 　　海德格尔在《存在与时间》中显然未能建立字面上的死亡和隐喻上的死亡这两种死亡之间的联系。"向死而生"和"与他人共在"都是此在的基础结构，但是两者的亲和性很大程度上是未经检验的。"与他人共在"（而非"为了他人"）宣告了哲人的关注点——即使与此在的其他维度相比这一点似乎是很不确切的。一个人必须占有自己的死亡，但不是为了将其作为礼物馈赠予他人。自我给予（self-giving）对于后期海德格尔来说很大程度上是关于祖国的孩子们是如何顺从地在牺牲的祭坛上毫无保留的。事实上，个体的本真性最终还是和"与他人共在"相冲突。面对迫在眉睫的死亡（而且是在每一刻），此在发觉自己被抛回了一个关于其自身可能性的孤独的荒凉时刻，在这样的时刻，"所有与其他此在的关系都溶解于此"。[1]

1　Martin Heidegger, *Being and Time* (New York, 1966), p. 231.

吉奥乔·阿甘本在《语言与死亡》中评论道："此在关于其自身最充分的可能性经验，其与最充分的否定性经验同时发生。"[1]虽然并不完全如弗洛伊德或者圣保罗思想中所呈现的那样，但生命意义的确在于死亡。

对于一个人死亡的预期会遭遇到海德格尔所说的："人自身存在最非关联性（non-relational）的可能"，也就是说"死亡所具有的非关联性的属性……这使得此在成为个人化的，落入其自身之中"。[2]他进而评论道，死亡"总是仅关于其自身"，这和约翰·邓恩诗中的观点就完全不同。[3]如果说死亡就是严格的此在，这是因为它揭示了那无法再被刺透的内核，将自我展现为一种非关系性的存在。只有通过死亡，一个人的不可替代性才会被照亮。用拉康式的话来说，真实是绝对不可通约的独一性（singularity），它位于人类主体的核心处，在所有文化特征和偶发特质的过激之处，真实就是我们最孤独也是最普遍之处，而就此而言，死亡就是那最初的能指。唯一持久的关系形式就是能够适应这种彻底的非关系性的形式——从这个层面看所有有效的关系都关涉一种与死亡的关

100

1　Giorgio Agamben, *Language and Death* (Minneapolis, MN, and Oxford, 1991), p. 2.

2　Heidegger, *Being and Time*, p. 232.

3　Ibid., p. 244. 我指的是邓恩在其《紧急时刻的祷告》(*Devotions upon Emergent Occasions*) 中的观点，单一的死亡总是以某种方式关涉人类整体："任何人的死亡都让我减损，因为我置身于人类"。

系，在最贫乏与最孤寂之处遭遇他者。这即是说，必须被分享的恰恰是这种贫乏的状态。对于海德格尔来说却正好相反，在他看来死亡并不被视为一种自我剥夺的形式，它和"与他人共在"的状态无涉。[1] 死亡不是一个被分享的事件，比如说不是像基督教圣餐仪式那样，是一种在死亡中缔结共同体的仪式。比如让－吕克·南希就强调过："非存在不指向分享"，[2] 然而对于殉道行为来说却不是这样。俄狄浦斯和李尔王的悲剧所反映的真相正是如此，那就是只有对于"无"的承认才能提供足以支持社会秩序建构的强大基础。

对海德格尔来说，对于某人死亡的充分占有就是一个英雄事件。这是极少数精神贵族的特权，而所谓的"常人"（das Man）——这是海德格尔用来形容受蒙蔽大众的蔑视词汇——则鲜有所能。在海德格尔看来，那些在纳粹集中营里经受过试炼的人也未必具有这样的能力。为此在而向死，就是要去意识到此在"沉沦于他者自我（they-self）"之中，在超越这种堕落状态的过程中，使自己从乌合的虚假意识之中解脱出来。正如西蒙·克里奇利对海德格尔式的悲剧英雄如此评论道："只有去反对城邦非本真的历史性基础，此在才能够成为

1　对海德尔格死亡论的批判可参看 Jean-Luc Nancy, *Being Singular Plural* (Stanford, CA, 2000), pp. 88–91。

2　转引自 Malcolm Bull, *Anti-Nietzsche* (London, 2011), p. 112。

本真的历史性的存在。"[1] 仅仅遭遇自己生物学意义上死亡的人很多，但其中只有那些享有恩典的少数人才有能力从他们的湮灭之中收获超越性的价值。悲剧就是从贫乏的精神中鉴别出伟大的灵魂。死亡是一种个人本真性的追问，而非一种对于投身于他人之中的全然无私，后者只满足于一种逻辑上的完满状况。在《存在与时间》中，非存在（non-being）并不是《希伯来圣经》中名之为"雅威的贫穷者"或者地上的尘埃，仅仅由契约维系的一切本真性溃散后所产生的活死人。这里的关键在于**我的**死亡，也就是没有人能够在我的域界操演我的死亡。在严格的新教精神中，我们的罪孽和拯救都由我们每个人自己实实在在地承担。而生命就在我与死亡之间，这一点比死亡位于我与他人之间更甚。在这个层面上，能为新的共在形式奠基的绝不是死亡和剥夺。

* * *

也许有人会说，耶稣之死动摇了海德格尔关于本真与非本真性死亡的对立设定，耶稣作为底层民众中的一员，他将死亡以所有那些被厌弃的贱民之名收归己身，而对于这些贱民的命运，海德格尔只表现出了鄙视。悲剧和英雄主义在

1　Simon Critchley, *Ethics-Politics-Subjectivity* (London, 1999), p. 222.

《存在与时间》中并不泾渭分明，然而有趣的是，《新约》是一部悲剧档案而不是一部英雄传记。G. E. 莱辛在《戏剧评论》中评论道，一个真正的基督徒是非常不具有戏剧性的。"福音书"所行的轨迹不过是日常生活而已。事实上，查尔斯·泰勒对基督教的日常性（quotidian）阐述良多。[1]"福音书"里的主人公只是无名小卒，一个流离失所的底层生命，他经历了世俗统治暴力的羞辱性打击。其中弥撒亚自身被掠夺和杀害，这要么被看作一种道德上的秽乱，要么就是一个过犹不及的黑暗玩笑。他欢天喜地地进入自己的都城，构成了对于王权神秘性的辛辣讽刺。《新约》宣告了世俗权力的虚荣，一切恢宏的精神计划和躁动的政治万能药都不过是残垣断壁。只有一种与非存在的结盟能够挫败这世上的陈规恶政，这一点是如此的急切，如有必要则不惜站到死亡的边缘。与海德格尔式的贵族群体相反，在此受到召唤的人将在泥淖般的行动中得到洗礼，并由此被集结而成为潜在的殉道者。如有必要，他们也必会放弃他们的物质财富，摒弃他们的家庭、友人以及仅以维持生计为目的的存在，因为这些会驱使他们受迫于世俗国家的处置与折磨。耶稣向他的同道者们如此直白地表明了，如果他们忠于他的布道，那么他们就可能会遭遇到和耶稣一样的结局。这是一

1　参看 Charles Taylor, *Sources of the Self* (Cambridge, 1989), part 3。

则荒诞的极端主义信条。所有关于不要试图成为基督徒的完美理由中——就好像说如果上帝存在，那么他肯定会无可救药地爱上唐纳德·特朗普一样——这当然是最有说服力的一个。

对于"福音书"来说，向死的坚定不移于是就关涉一种特殊的生活形式，而不是某种病态的恋尸癖或者超然出世的狂喜。20世纪所见证的就是一系列联结，它们发生在死亡观念、意志、自我牺牲、本真性、精神贵族以及对于庸常的唾弃之间，海德格尔思想中声名狼藉的那部分表述就是这种并发症的体现。这种宗教狂热思想所关涉的那种鲁莽总是很难被辨识，它来自一种更为矫揉造作的放荡类型。汤姆·冈恩[1]的诗作《莱里奇》就切中了这一点。这是一篇卓越的成熟之作，以冈恩早期那种典雅而规整的格律风格写出。但是其简洁精炼的形式使其内容反映了一种被抑制的乖张，这样的诗作恐怕正站在双性一体的雪莱[2]的对立面，那种逆来顺受的终结，坠入"随波逐流"的境遇。因为对于雪莱来说，死亡的黑暗就像一名呵护备至的护士，而冈恩则有着更具男子气概

103

1　汤姆·冈恩（Thom Gunn），英国现代诗人。——译者注

2　此处应该指的是《弗兰肯斯坦》的作者玛丽·雪莱。弗兰肯斯坦在西方的相关研究中普遍被认为是雌雄一体形象的先驱。一方面，弗兰肯斯坦在造人的时候扮演了父母一体的角色；另一方面，作者玛丽·雪莱的写作风格也被认为具有两性一体的思想倾向。柯尔律治等人都从这个角度赞扬过玛丽·雪莱的革命性。——译者注

的姿态，他"张开双臂以待之"，像拥抱新娘一样拥抱死亡。这些人将所有本应用于延续生命的能量都压缩于死亡的时刻。死亡在这里就不是被接受的，而是被直面的，混合了尼采式的不逊、叶芝式的轻蔑以及顽固的存在主义式的反叛——庆贺暴力并赞美死亡，慷慨地舍弃了对于边界的划定："强壮的游泳者、捕鱼者、探索者：就是这样 / 徒劳的暴力带来高贵的死亡 / 挥霍掉他们仅有的剩余。"这首诗满溢着一种奋不顾身、蛮勇得血脉偾张的英雄主义。嘲弄般地去模仿死亡自身的无端性，这比超出标准的付出更具慷慨精神，去演绎它的无用性，而非向它的权威性低头。拟态（mimesis）——人类对于自然的模仿——是驾驭自然力这个问题上老生常谈的策略了。通过表现出死亡的恣意挥霍，讽刺地超越死亡自身的过当，如此我们才能获得一场盖过其不可平息之力的惨胜。然而，如果死亡是一位新娘，那么它也是一位需要被掌控的新娘，而不是在莎士比亚笔下的克劳迪奥那位投怀送抱的新娘。冈恩所说的"张开双臂"更多的是一种充满男子气概的强健姿态，而不是某种色欲的拥抱。这就是一首关于欢愉的诗——它关于一种自毁灭的远景之中流溢而出的肆无忌惮的热情或者无所限制的满足。[1]

---

1 对这首诗过度乐观的解读，可参看 Terence [sic] Eagleton, *The New Left Church* (London and Melbourne, 1966), pp. 24–25。

《新约》所主张的则是一种全然不同的挥霍。雅克·德里达在《赠予死亡》中说到亚伯拉罕（Abraham）毫不犹豫地牺牲以撒（Isaac），而他所奉献的"被归还于他，因为他不求回报"。[1]德里达坚持说在"福音书"中，这种道德经济被一再呈现，"交易、对等，或者说互惠被打破了"，这样的主张忽视了"福音书"的核心教义是关于友爱和共同体这样一个事实。[2]无论如何，这样的互惠关系并不必然与一种高尚的拒绝算计相抵触。一种"无缘无故的行为"（*acte gratuit*）总是可以被共享的。在莎士比亚的《安东尼与克里奥佩特拉》中，安东尼说道："可以度量的爱，未免太过贫乏"，他以此来描述自己与克里奥佩特拉之间的羁绊，他认为只要不计后果地付出，就可以不顾付出是单向的还是互相的。托马斯·哈代在《远离尘嚣》中写道，色欲之爱总是关于"一种贪得无厌的意识，一种精神层面的心灵交易"，于是过剩与相互性就结合了起来。

　　即便如此，德里达也正确地觉察到了基督教博爱观念中的隐情，他称之为"绝对剩余价值"，因为在这样的博爱中，可能没有什么关于爱与回报这个意义上的崇高美德。在这个意义上，互惠这个词也许确实是相当可疑的。正如《马太福

1　Jacques Derrida, *The Gift of Death* (Chicago, IL, and London, 1996), p. 97.

2　Ibid., p. 101.

音》所指出的，要无差别地爱你的邻人。路加则劝诫说不要只邀请那些会回请你的人。德里达于是说到在《新约》中，"这也是一种经济，但它所整合的，则是一种对于可计算报偿的抛弃"。[1] 在这种经济中，我们被期盼着当一边脸被打时把另一边的脸也凑过去给人打，以德报怨，为那些对你背信弃义的人祈福，当别人夺去了你的外衣，把里衣也任他夺取，行多则不行少，无数次地给以原谅。这种挥霍行为是某种过度的末世论形式——荒诞主义者或者先锋主义者，以一种过分夸张的姿态为某个未来埋下伏笔。在这种情况下，一种保罗·利科所说的"过剩经济"将凌驾于交换价值之上。[2] 勒内·基拉尔将这种经济视为某种冬季赠礼节[3]的消极版本，在这样一个版本中，一个人之所以能够让他的对手相形见绌，并不是通过比他人更多的挥霍，而是以一种漫不经心的态度屈服于对方的诉求。[4]

那些已经在历史遥远的边缘安营扎寨的人们，攥着来自未来的线索，栖居在即将迫近的死亡之中，他们不再需要受争执与商榷所累，因此他们的自我消费也如冈恩笔下理想化

1　Jacques Derrida, *The Gift of Death* (Chicago, IL, and London, 1996), p. 107.

2　Paul Ricoeur, *Essays on Biblical Interpretation* (Philadelphia, PA, 1980), p. 164.

3　冬季赠礼节（potlatch），古印第安人的传统节日，其习俗是在慷慨馈赠这件事上进行竞争。——译者注

4　René Girard, *Quandces choses commenceront* (Paris, 1994), p. 76.

的游泳者和捕鱼者一样奢侈。这是因为他们的自我剥夺所采取的形式是对他人的给予，而不是某种遗世独立般的存在主义式的自我耗费。恩斯特·布洛赫在《希望的原理》中，主张耶稣的道德就是"世界终结的道德"，并且"只有在与他的国的关系中才能把握"。[1] 这种道德拒绝当下以牙还牙的逻辑，蔑视一种被小心监管的道德经济，而这在叶芝所谓的"红脸钱商"（hot-faced moneychangers）看来则显得愚蠢。

于是基督教就在殉道者的热情之中融入了嬉皮士般散漫的美德。这种联系绝非偶然。那些以未来已经到来的观念活在当下的人，实际上已经展现出了一种威胁现状的姿态。他们是先知，同时这样的任务也已经被锁定为政治暴力的目标。然而他们也犹如野百合一般地活着，从不在意明天会如何。他们触知到了超现实主义的疯狂，并且对物质必需品等闲视之，宣扬正义权威的将临。如果一个人对自己的付出不求回报，那么在某些方面是因为终结的时刻已近在眼前，在这样的时刻，所有的交易都是多余的。由于历史已经垂垂老矣，再也没有什么理由阻挠我们去倾尽所有，就像冈恩笔下的游泳者和探索者那样。行动与给予必须被视为"从永恒的

---

1 Bloch, *The Principle of Hope*, vol. 3, p. 1263. 布洛赫在该书的这一卷中非常具有洞见地描写了基督教伦理的终末论本质。

视角"（*sub specie aeternitatis*）[1] 看一切事物，去扰乱被一丝不苟地维持平衡、铁板一块的当下。从这个角度说，促使人们走向美德的并非是不朽的承诺，而是对于有死性的思索。去沉思我们的有死性即是一个让我们走向真正道德的契机。比如说，复仇就变成了不值得去追求的，时间消耗得越久，针对他人的诡计所要付出的耗费也就会增大到难以置信的地步。慈悲和宽容则是将未来纳入当下的方式，是去期待这样一个时刻，所有的争执都得以平息，所有的债务皆被废除。相反，复仇则是将当下和未来折入过去，比如在埃斯库罗斯的《俄瑞斯忒亚》中就是如此。萦绕着复仇女神的统治，逃出报应的循环并开始新的历史成了不可能之事。取而代之的，是复仇以一种伪造的永恒悬停了时间。正是这种不朽的想象成了众多人类悲痛的根源。米兰·昆德拉在他的小说《不朽》中所反映的就是这一点："人们不知道如何去死。"

只有活在对于最终的明天，亦即死亡的认识中，才有可能不去关注明天。这并不是号召我们不要遗忘时间，而是要求我们时刻将时间的终结放在心上。根据某些传递福音的人

1　文中这一用法来自斯宾诺莎《伦理学》第八定义："永恒（aeternitas），我理解为存在的自身，就存在被理解为只能从永恒事物的界说中必然推出而言。"（斯宾诺莎：《伦理学》，贺麟译，北京：商务印书馆，1997年，第4页。）——译者注

所言，耶稣似乎是将上帝之国想象为不朽之国，然而这可以被证明是极大的误解。在这些传福音的人看来，历史就是末世论的。教堂屹立不倒，以信仰臣服于那即将归来的主。即便如此，犹如审判日即将到来那样去生活，并由此将公义与团契作为犹如唯一重要的事情来对待，这也并不是一种会被蔑视的美德。因而如果存在任何永世，它必然就在此时，就在此处。"永生"，如维特根斯坦在《逻辑哲学论》中所写到的："属于那些活在当下的人。"[1] 而如果活在当下是可能的，这也就意味着活在时间之外，这便是一种预期死亡的方式。用 T. S. 艾略特式的语言来说，这就是"死亡的时刻寓于每一个时刻之中"的另一种表达。

---

1 Wittgenstein, *Tractatus Logico-Philosophicus*, 6. 4311.

第四章　交换与过剩

一名真正的殉道者从不寻求回报，而有些人也视这种单向的自我犯险为至高的道德行为。比如雅克·德里达就持有这种不同寻常的视角，他认为给予行为会因互惠而被摧毁。这一看法反映了他对于尺度、规则、身份、等价与可计算性等一贯的自由主义式厌恶。毫无疑问，它们作为单调乏味的现象确实令人厌恶，但是它们对于任何社会存在形式来说也都是至关重要的，并且如果不以实实在在的冒犯触及权威，也就没有使其解体的可能。对于德里达来说，礼赠就是经济运作的破坏者，它破坏了强制性和胁迫性，通过终止流通切断了可预期的交换循环。马塞尔·莫斯的《礼物》讲述了前现代社会中对于礼物交换的需求，而这激起了德里达不寻常的激烈反驳。他在《被给予的时间》中写道："因为发生的是礼赠，所以所发生的就必然不是互惠、回报、交易、回礼或者债务。"[1] 看来有些人不会愿意去德里达家过圣诞节了。约翰·米尔班克则如此评

---

1 Jacques Derrida, *Given Time: I. Counterfeit Money* (Chicago, IL, and London, 1992), p. 12.

论这种倔强任性的道德："赠予一个人礼物，并拒绝了他慷慨的回礼，这其实是赞美对方已然有礼赠的意图……以取代一种奇迹般的、不可测的亲密和意外互惠关系的降临。"[1] 对于以利亚撒·本·佩达特[2] 拉比来说，正如他在公元 3 世纪时写道，耶路撒冷第二圣殿的被毁已经切断了上帝与以色列人民的亲密联系，他们现在被迫要在完全不指望获得直接回应的情形下进行祷告。但无论如何，与德里达不同，这位拉比并不为这一情形而欢呼雀跃。单边主义是某种极度异化的结果。[3]

在安东尼·特罗洛普的小说《弗莱姆利教区》中，贫困但是心高气傲的牧师克劳利对一个向他布施的人说道："给予是非常美好的，我并不怀疑这一点。但是这些被给予之物确实难以下咽。给来的面包会噎住一个人的喉咙，荼毒他的血液，沉甸甸地压在心上。"从德里达的视角看，一旦礼赠被理解为需要被偿还的债务，它就成为有毒之物了，而由于礼赠无法拒绝这样的命运，礼赠便是（用德里达语词中装腔作势的那个词来说）"不可能的"。事实上，德里达带着庄重的荒诞所

1　John Milbank, *Being Reconciled: Ontology and Pardon* (London, 2003), p. 181.

2　以利亚撒·本·佩达特（Eleazar ben Pedat），以色列第二代和第三代的塔木德主义者，被称为阿莫拉。他反对秘传，明确提出人不应该去追求自身理解能力之外的东西，极度推崇知识研究，认为拥有知识是与重建圣殿一样伟大的事情。不支持学者的人便得不到他的祝福。——译者注

3　参看 Guy G. Stroumsa, *The End of Sacrifice* (Chicago, IL, and London 2009), pp. 68–69。

考虑的是这样一件事——礼赠就是全然的礼赠，它必须在一种捐赠行为里被投入遗忘之中。于是，最有效的奉献，就必须是在每一个严肃的赠予时刻被废止掉的给予，而这就将德里达的问题径直地导向了传统牺牲概念一边。这样一种不被承认的礼赠无法得到回报，因此这就是绝对的奉献。它在自我废止中完成了自身，并且在这种无条件的情态中反映了上帝的不朽。情境主义者也持有类似的看法，他们所关心的正如一位评论者所说："不回馈捐赠、不以循环方向再次给出的微妙技艺，并不仅仅是债务转移。"[1]

然而，让-约瑟夫·古则指出，由于我们总是倾向于赠予他人那些我们假定他们会心怀感激的东西，他人就已经以一种够得上纯粹单边主义的方式被牵涉进礼赠之中了。[2] 接受者内含于礼赠之中，这就像在话语行为中对话者的默默在场。除此之外，我们也不应该剥夺别人展现慷慨的契机。塞涅卡写道："给予就是不求回报，而又可能得到回报的情景。"[3] 就算由衷地期待用一束破败的紫罗兰能够换来一栋格鲁吉亚式豪宅，这也没有什么问题。这样做并不是为了将某人自己的

1　McKenzie Wark, *The Beach Beneath the Street* (London and New York, 2011), p. 72.

2　参看 Jean-Joseph Goux, 'Seneca against Derrida: Gift and Alterity', in E. Wyschogrod et al. (eds.), *The Enigma of Gift and Sacrifice* (New York, 2002), p. 134。

3　Seneca, *Moral Essays*, vol. 2 (Cambridge, MA, and London, 2006), p. 161.

礼赠贬斥为毫无价值。一般来说，我们并不过多地考虑算计，而是考虑这个行为本身。无条件的给予就是不考虑是否有回馈的给予，（正如德里达所考虑的）如果没有想到这一点，就不要给予。这并不仅仅是摆正心态的问题。

德里达对礼物的实际本性似乎漠不关心，如果他还活着，那么我们就又有了一个不去和他一起过圣诞节的完美理由了。他写道："礼物就是给予礼物这件事情本身，除此之外别无所是。"[1]也就是说，一个馈赠行为会被给予行为本身超越。然而，对于爱人和殉道者来说却不是这样。对于他们来说，给予者与礼赠是一体的，而这种显得最为空洞的奉献行为——除了自己什么都不舍弃——事实上才是最深刻的。与殉道一样，在性爱中，馈赠的就是躯体本身，而不是某种替代符号（比如在仪式性牺牲中那样）。那么，在这种纯粹的自我奉献形式中，礼赠本身就是最重要的时刻。无论如何，对于选择馈赠什么，我们不可能不在乎。[2]我们不会送给一个戒酒成功的人一瓶威士忌，也不会送一只狼蛛给蜘蛛恐惧症患者。过于漫不经心，不顾具体情况，虽说是慷慨的，但也是迟钝的。

110　　　此外，太过挥霍或者慷慨无度的姿态也可能会破坏正义

1　Derrida, *Given Time*, p. 29.

2　这一点可参看 Jacques T. Godbout and Alain Caille, *The World of the Gift* (Montreal, 1998), pp. 185f。

之中最严格的那份平等。"以眼还眼，以牙还牙"通常被认为是一种属于复仇的野蛮方法，其意图并不是把平等托付给残酷报复就了事了，而是作为对一个人可以为受到的伤害索取多少补偿的一种限制。由于这样的观念坚持任何这样的偿还都必须是相称的，在其所属的语境中就成了一种文明的禁令，那些把平等降格为冷血算计的人很可能也会遭遇冷血的对待。在《威尼斯商人》中，鲍西娅（Portia）请求对方仁慈，从某个更确切的层面可以被理解为威尼斯精英统治的一种策略，而这位年轻的贵族就是自我授权的代言人，去说服一个惹人厌的外来犹太人放弃从那些压根儿不想允准他合法诉求的人那里讨回公道。也许夏洛克（Shylock）确实太过于墨守他的债约了，但那毕竟是他的债务人安东尼奥（Antonio）自愿签署的合法契约。仁慈或许可以悬置公正，但是它若要嘲弄公正则必不被允许。我们应当注意，宽恕我们的敌人，或者转过另外一边的脸任人打，这些都出于一种根深蒂固的信念，即任何情况下一切都是无关紧要的。在《一报还一报》中死心塌地的犬儒主义者卢西奥就有着与此相近的视角。这会带来一种没有价值的仁慈，就像一种泛化的公正一样。这两种美德都会是廉价的。

由此看来，德里达对于非契约性交易的可能性想得有点太简单了。互相赠予的礼物说到底也仍然是礼物。让礼物之为礼物的并不是顺其自然、无关等价或者无关互惠，而是这样一个事实，没有什么实际的理由让我们送出礼物（至少在现代社会是这样）。礼物本身也许有什么实用功能，但除了作为感情的象征，馈赠礼物这一行为本身却没有。让礼赠变得煞风景的并不是互惠，而是事实上它是具有现实动机的，比如说赢得对方的偏爱，或者宣扬自己的热心。这就是利用，而不是亲近，这样一来礼赠就被毁了，即使在前现代社会的文化里，我们也还是能看到在某一时刻这一行为确实服务于某些实际的目的，有一些社会网络的功能或者义务支持着它。在现代社会，我们会感到送礼和回礼都受到一些社会层面或者道德层面的强制，但事实上这一习俗本身没有直接的现实目的，这使得它显然与契约性交易截然有别。约翰·米尔班克就认识到了这一点，他主张只要是能够被辨识出来的礼赠活动，其中就必然具有"自由的元素"。[1] 从他的观点看，给予应当是互惠的，但其中所涉及的赠品必须是不同的，回礼也应该是延后的。其中也应当具有惊喜的元素。[2] 不过这里仍然不清楚的是，比如为什么在同一时刻以完全可预测的方式互相赠送相同的袜

1　John Milbank, 'The Ethics of Self-Sacrifice', *First Things* (March 1999), https://www.firstthings.com/article/1999/03/004-the-ethics-of-self-sacrifice (accessed 30 October 2017).

2　参看 John Milbank, 'Can a Gift be Given? Prolegomena to a Future Trinitarian Metaphysics', in L. G. Jones and S. E. Fowl (eds.), *Rethinking Metaphysics* (Oxford, 1995)；也可参看 *The Future of Love* (London, 2009), p. 357。

子不应该被视为一种真正的礼物交易。同样不清楚的还有，在一个人不向自己的配偶赠送生日礼物这件事情上，他到底有多大的自由。作为一种非功能性的现象，赠予活动更像是一种艺术行为，而不是某种庸俗不堪的行为。但说它相似于艺术，也许也包含了艺术作为一种生产行为所具有的受迫性，比如艺术家会被要求生产出歌功颂德的作品以服务于宫廷化装舞会、写宗教剧或者为权贵画像。但是，艺术家的产品自身仍然保留了非功能性，至少在任何直接的实践意义上确是如此。

　　社会主义之下的经济生产并不是自由、无端、自然生发或者脱离必需品范畴的，在很大程度上也不是非功能性的。然而，既然是为了公共利益而不是为了少数人的利益，那么我们可能也会视其为一种礼赠形式。它提供生活手段，这就是它的目的和价值所在。产品服务于某种实际目的，但它也有表达和交流的目的。进一步说，尽管在社会主义之下仍然存在交易，但不受商品形式的支配。从这个层面说，交易和资本主义市场并不能被视为同义的。一个社会主义者所组成的社会，不会抹去礼赠、社会联系和物质生产之间的界线，但是它会将之模糊掉。[1]

112

1　有价值的论述可参看 Paul Mason, *Post Capitalism: A Guide to Our Future* (London, 2015)。

凯文·哈特和德里达犯了大概一样的错误，他评论说："要明确的是，我们能够以誓约和共同体为目标。但是如果我们以它们为起始，那么我们就要冒风险了，因为当我们谈论爱的时候，我们可能在谈的是契约和交易。"[1] 但是并非所有的相互关系都是契约性的，而且很多以契约性形式展开的关系模式也并非都因此才让人反感。哈特写道："一旦我彻底排斥了一切契约与交易，我就能够思索灵性之爱。"[2] 对于一个大体上拥护婚姻制度的人来说，这似乎是个奇怪的看法。在莎士比亚的《威尼斯商人》中，"债务"这个词既指向法定契约，又指向活生生的躯体关系，尖锐地反映了法律与爱、形式与感受之间某种惹眼的分别。受压迫者也许需要一项正式的权力法案才能获得保护，不过在他那些更享有特权的同胞公民们看来，这只是乏味的官僚主义。正如莎士比亚的戏剧所承认的，他们非常不明智地把希望寄托在上位者反复无常的慷慨之中。只有那些能够发号施令的人才能负担得起将法案一笔勾销的代价，并且对此高唱自发性的赞歌。

让－吕克·马里翁似乎把爱想象成某种双方单边的自我给

---

1 Kevin Hart (ed.), *Counter-Experiences: Reading Jean-Luc Marion* (Notre Dame, IN, 2007), p. 37. 约翰·卡普托（John Caputo）同样也混淆了互惠与经济交换，参看 'The Time of Giving, the Time of Forgiving', in Wyschogrod et al. (eds.), *The Enigma and Gift of Sacrifice*。

2 Hart (ed.), *Counter-Experiences*, p. 37.

予行为的遭遇，就像约翰·米尔班克指出的："是两个绝对非互惠行为的邂逅。"[1] 尽管他并不拒斥相互关系的形成是不可控的这一观念，但显然他还是怀疑假如从这个角度看，德里达就是某种声名狼藉的契约主义者了，[2] 在这种怀疑之下，甚至是最粗糙的爱情现象学也趋于消散。这不仅仅是处于爱情关系中的伴侣同时接受和给予，而是任何一方的自我付出都会在对方那里激起某种与其相匹配的回应，在这样一个过程中所发生的，既是自我扩张，又是自我充实。正如朱丽叶对罗密欧感叹道："我给予你的越多，我得到的也就越多。"这确实仍然是关于相互关系的问题，但是无关衡量，是互惠的，却并不追求等价。相爱这件事情有时候有点像发笑者之间的那种传染，就像他人愉悦的反映就会增强我们自己的愉悦。

在这种给予与接受的辩证关系中，接受才是更基础性的一方。如果一个人在他还是孩童的时候没有被珍爱过，那么他就很可能发现他很难处理爱的诉求。这并非什么新见解。托马斯·阿奎那认为慈善需要接受，也需要给予，而 E. M. 福斯特认为前者比后者更有价值。弗洛伊德发现道德的种子在幼儿对他的看护者的感激中就已埋下。相反，尼采的超人慷

1　John Milbank, 'The Gift and the Mirror: On the Philosophy of Love', in ibid., p. 262.

2　尤其可参看 Jean-Luc Marion, *Le phénomèneérotique: Six méditations* (Paris, 2003); 也可参看 *Being Given: Towards a Phenomenology of Givenness* (Stanford, CA, 2002)。

慨地礼赠他人，但自身则太过骄傲而耻于接受馈赠。尼采的馈赠是一种领主式的、任性无常和居高临下的形式，对他来说任何事物都是被无偿赠予的，义务和回馈不过是令人鄙夷的小资产阶级趣味罢了。而从一种基督教的视角看，这样一种看法所忽略的事实是，一开始就具有给予的能力也就意味着一开始就接受了存在的馈赠。在任何发生在人类之间的交换行为得以建立之前，某些使之可能的馈赠必然已经被接受了。从这个意义上说，不论付出是双向的还是单向的，都要依赖于大他者才能做到。

114　　所以抹大拉的玛利亚在耶稣的脚上慷慨涂抹的香膏相比于犹大令人失望的钱命相抵[1]，并非显现了基督教信仰对于节俭的有意冒犯，而是显示了某种更深层次的经济学的一部分，上帝自身不计后果的自我倾献才是其源泉所在。在这里，早期礼物交换事务——有着被严格编码了的相互性——被转化为关于上帝单向恩典的基督教学说，而这一点并不同样适用于人。F. D. 基德内写道："人可以供养和富足自己的创造者这样一个观念在律法中没有基础，而且被先知与赞美诗作者所

1　犹大出卖耶稣获得 30 钱，而后看到耶稣被定罪时感到后悔，想要归还这 30 钱让耶稣得以释放。长老们不收这钱，并说犹大只能自己承担出卖无辜人之血的罪，于是犹大扔下这钱出门上吊自杀。这其中犹大所采用的逻辑是"钱命相抵"以及"以命偿命"，这是基督教教义所反对的，因为这意味着"抵消"而非"悔过"，故而自杀在基督教教义中也是不被允许的。——译者注

蔑视。给予行为全部归于上帝，这是一切的前提。"[1] 这也就是说上帝的本性是慷慨、狂迷、充溢的，对于他来说，过剩不过是常态。阿兰·巴迪欧论述说恩典"支配着一种超出其自身的多重性，一种难以言说，与其自身以及律法的固定分配都处于一种过量关系之中的多重性"。[2] 不过尽管上帝不需要从他的造物那里得到回馈，他的恩典也还是以造物自身的给予和感激为源泉。从这个角度看，交换与无偿，互惠与单方并非不可兼容的。比如说，人们在圣餐仪式中聚拢，在这一仪式中，分享一餐的相互性纪念了一种无偿的自我奉献。

马塞尔·赫纳夫指出将礼赠视为非互惠的，这实际上只是市场交换的另一幅面孔罢了，因此仍受制于这一逻辑之中。[3] 当交换在很大程度上已经变成了商品的流通，所有的契约和互惠观念都可能会被这样的联系所污染，这反而让礼赠被视为一种随机事件，一种个人性的慷慨。与其说礼赠是经济事务，毋宁说它是道德行为，在这丧失灵性的、被规约了的世界里，它就是一块个体自由的绿洲。如此一来礼赠就主要是

1　F. D. Kidner, *Sacrifice in the Old Testament* (London, 1952), p. 23.

2　Alain Badiou, *Saint Paul: The Foundations of Universalism* (Stanford, CA, 2003), p. 78.

3　Marcel Hénaff, *The Price of Truth: Gift, Money, and Philosophy* (Stanford, CA, 2010), pp. 107f. 伯纳德·科恩（Bernard S. Cohen）认为，17、18 世纪在印度的一些欧洲人经常错将礼物交换当作契约事务。参见 *Colonialism and its Forms of Knowledge* (Princeton, NJ, 1996), pp. 18–19。

一种思想状态，而非社会机制。这一点早在塞涅卡那里就初露端倪了，对他来说，礼赠本身必须构成一个无私的目的，就像神一样拒绝计算回报。侍奉他人本身就是其获得的奖励。正如麦克白对邓肯（Duncan）所说的："为陛下尽忠效命，这本身就是一种酬劳。"（第一幕第四场）维特根斯坦的《逻辑哲学论》也分享了这一观点，尽管他后来基于伦理和经验领域的区分，放弃了这一看法。在日益商业化的社会秩序中，斯多亚学派厌恶功利，关于礼赠问题的焦点从贡品本身转移到了其可能带来的后果与馈赠者意图的纯粹性上。一般来说，正如塞涅卡在《论恩惠》中所主张的，美德行为的益处并不在于它的效果，而在于它纯粹的执行。美德必须将其自身视为报偿——正如小说家亨利·菲尔丁可能会指出的，因为在我们这样的世界里它不太可能得到其他回报。从这个意义上说，礼赠行为的自成一体（autotelism）性，尽管表面上有着慷慨的精神，其中却可能存在某些令人不安的道德含义。到了约翰·加尔文的时代，礼赠和商业交易之间的裂隙几乎无法弥合。只有上帝可以赠予礼物，而留给人类领域的只有几乎毫无魅力可言的工作与贸易事务。恩典与信仰遭遇了契约与利益之间难以跨越的鸿沟。进一步说，由于上帝的恩典是全然无法被匹配的，是全然超出我们所行范畴之外的，如果说在他和他的造物之间有什么相互关系，那么这种关系可能和我们与鼻涕虫之间的关系差不多。

* * *

德里达与他的信徒们假设了一种关于礼物交换的商品化
视角，然后通过点明其中的获利而消解了它。不难看出他们
如何用这样一种毫无意义的论说策略自圆其说。互惠关系确
实只能在契约层面被想象。但是一种情感或者义务层面的相
互关系则很难与商品经济上的那种平等一概而论。对话与金
融交易不能混为一谈。在某些前现代文化里，随心所欲的礼
赠与具有义务的交换行为之间并非泾渭分明。礼物的交换既
不是一种道德事务，又不是一种经济事务，而是一个社会纽
带问题。因此我们可以称之为实践性事务，但是这也并不是
暗示说它是一个商业层面的自利问题。作为一种法律管辖之
下的社会符号化模块，礼物的给予拆解了慷慨与义务之间的
分界。在另一层意义上，慈善法和好客义务也是如此。正如
赫纳夫所指出的："礼物交换的目的并不是要通过圣洁地给予
而实现一种道德上的崇高，而是要通过礼物的给予与回馈这
样一个循环去认识另外一个人。"[1] 他由此谈到了"自由义务"，
同样还谈到了早期礼物交换中"仪式性编码的慷慨互惠"。对

116

---

1 Hénaff, *The Price of Truth*, p. 141.

于德里达来说则正好相反，在他看来诸如"自由义务"和"被编码的慷慨"都只是在矛盾修辞法的边界游逛的词汇罢了。

在现代也有一些关于这一问题的回音。在一篇题为"正义与慷慨"的文章里，奥利弗·哥尔德斯密斯——他所处的社会尚未完全进入现代化时期——坚持认为慷慨构建道德义务，它与一种反复无常、任性而为的事务相去甚远。[1]他的爱尔兰同胞埃德蒙·柏克在类似的路径上谈论过"义务铭刻在心"。[2]在希伯来经典中，犹太人被强制要求要在施舍上慷慨。过剩和超标才算达标，就像李尔王认为的那样，某种程度上实实在在的奢侈才是人类的必需。在这里，锱铢必较的算计和漫不经心的挥霍之间并不存在什么对立关系。保罗在《罗马书》中写道，他们已经被赦免了债，不需要偿还任何东西，唯有爱却不能免。尽管这似乎是一个足够轻的负担了，但毕竟爱还是要被视为义务。相比于你被授予的，你要回馈的东西更多，这也许是爱的律法所要求的一个超额的责任。这也就是为什么互惠并不同时意味着平等。

马塞尔·莫斯是另一个认为前现代时期给予行为是被严格

1　Oliver Goldsmith, 'Justice and Generosity', in A. Friedman (ed.), *Collected Works of Oliver Goldsmith* (Oxford, 1966), vol. 2.

2　R. B. McDowell (ed.), *Writings and Speeches of Edmund Burke* (Oxford, 1991), vol. 9, p. 247.

律法所规约的人。在这种严格的交换校准系统中，确实没有供自由礼赠容身的地方。比如说，牺牲就是一种迫使上帝有所回馈的行为。有时候拒绝给他人礼物形同于宣战。对于莫斯来说，互惠是在礼物赠予行为中才被建构起来的，这不仅是由于礼物自身有神秘的生命，同时也像信鸽一样，倾向于回到它们的来处。无论如何，由于礼物中藏匿着赠予者生命的某些东西，保留太久是有危险的，这就是为什么必须启动交换的永续循环的原因之一。在某种意义上礼物是活生生的，这也就是为什么它们应当被悉心把持，被机敏地对待，并且尽快地流通出去。让这样一个重要的相互馈赠的网络陷入停滞是非常危险的。给予是一种符号形式，将世界的一部分转为符号。提供一份礼物也就是要把现实中的材料碎片聚拢到错综复杂的人类意义之网中，将这些材料转入一种交流模式。任何事物——女人、孩子、食物、财产、土地、排行、劳动——都在永无止境的循环之中，透过它能够追寻到给予者身份的踪迹，而在本质层面它又是朝生暮死的，只有在传递性上才生机勃勃。礼物与其说是物品，倒不如说是宣言。因此囤积便是一种主要的罪恶类型，圣雅各狂怒地抨击富足之人就很清楚地显示了这一点："嗐！你们这些富足人哪，应当哭泣、号啕，因为将有苦难临到你们身上。你们的财物坏了，衣服也被虫子咬了。你们的金银都长了锈；那锈要证明你们的不是，又要吃你

118

们的肉，如同火烧。"（《雅各书》5：1-3）

在这个层面上物品也许永远都不是你的，或者只有在你把它们交出来的时候，它们才被认为是你的。[1]西吉斯蒙德在评论佩德罗·卡尔德隆·德·拉·巴尔卡的《人生如梦》时也说道："我们所拥有的仅仅是账面上的东西"，礼物的部分意义在于改变我们认为对财产享有所有权的观点。礼物必须被视为留给未来的某种遗产。存在是在消费中被充实的。塞涅卡在他的《安慰玛利亚的书信》中评论道，我们没有理由因为围绕着我们的东西而自我膨胀，因为它们仅仅是借给我们的。[2]古罗马认为只有那些能够给出去的东西才是我们真正意义上拥有的。可转让性才是所有权的标志。卡林·巴顿写道：

> 生命之可贵在于，财富或者力量只有在耗费之时才真正被把握……被拣选的、自愿的、慷慨的死亡是最极端的弃权，而正是由此生命才能够被提炼出高层次的东西。正是弃权强化了生命，强化了那被舍弃之物的价值。进一步的，那些被付出的人、事物和价值通过被拣选的死亡而神圣化了……自我摧毁是一种至高的慷慨形式，是极端的

1　参看 Marcel Mauss, *The Gift* (London, 1990)。

2　参看 Seneca, *Moral Essays*, vol. 2, p. 20。

慷慨和剥夺的同时发生。[1]

从这个视角看，慷慨地舍弃自身的存在就是最富足地活着。当你放弃自己的生命时，它才完全属于你。

仪式性牺牲在某种层面上说是一种对于所有权的批判。 通过向上帝返还某物，我们就宣告了一切所有权都是暂时性的。只有通过沉思一件事物潜在的消逝可能，我们才能把握住它瞬息万变的本性，从而知道其所是为何。只有通过痛饮葡萄酒，济慈才能够品尝到它美味的丰饶。[2] 此外，正如我们所看到的，首先使你能够行礼赠之事的个体存在本身就是一种礼物，是从大他者处借来的。馈赠者自身就是他人所给予的。莫里斯·戈德利耶写道："人在企及上帝的过程中就已经有债了，这债务就来自他们已经接受了他们自身的存在条件。"[3] 上帝是一切给予的先验条件，并且对于给予这一行为的"肇因"和"物"都是如此。由此，在这一牺牲观中，捐赠者就是将存在的碎片返还于它的来源，为的是要证明只有在作为最初的代理人的意义上，他才对其具有所有权，与此同时

119

1　参看 Carlin Barton, 'Honor and Sacredness in the Roman and Christian Worlds', in Margaret Cormack (ed.), *Sacrificing the Self* (Oxford, 2002), p. 26。

2　此处应指济慈《夜莺颂》里的相关段落。——译者注

3　Maurice Godelier, *The Enigma of the Gift* (Cambridge, 1999), p. 30.

也在表达他的信心，即这一付出会通过其他的形式被弥补回来。这并不是那种能够在市场中找到的互惠类型。尽管如此，市场交换自身也总是预设了一种象征性承诺的网络——关于信任、忠诚、善念等等——这些都超越了本来的功利性逻辑，但是也同样建构一种根本性的先决条件。

＊　＊　＊

约翰·米尔班克主张不求回报的单边给予虽然往往被认为是极致的善，但实际上并不如互惠一样好。[1]这并不是在暗示这样的单边主义毫无容身之地。一种狂欢式的鲁莽会打乱等价关系，它颠倒了阶级，严重破坏了阶层区隔，而这便是基督教"福音书"的核心。威廉·布莱克的《地狱箴言》以一种大智若愚的笔调抓住了这一精神，他坚持说挥霍之路通往智慧的宫殿。这正是造物自身无根的本性在伦理领域的回响，这就是哲学家甘丹·梅亚苏所说的"表现了给予的无偿性"。[2]不做算计的给予，这一行为超出了伦理的范畴，最终成了某一个世界的根源所在，而这使得作为伦理的给予成为可能。伊恩·布莱德利说耶和华"以一种毫不在意且代价高昂

120

1　参看 Milbank, 'Can a Gift be Given?', p. 120。

2　Quentin Meillassoux, *After Finitude* (London, 2009), p. 63.

的方式将自己给予自己的子民"。[1] 伪德尼斯[2] 将上帝的善描述为狂喜、过度和夸饰的。埃克哈特大师则视之为一种沸腾或溢出，而阿奎那则说神圣的本性就是最大化的自由（*maxime liberalis*）。在我们的时代，哲学家斯蒂芬·马尔霍尔捕捉到了某些基督教派别被诽谤为极端主义的东西，他在论及这种爱的时候写道：

> 舍弃互惠关系的要求宣称，人类要在与他人的爱中才能正常且正当地前行，信众对于如何回应邻人的诉求这件事情没有设什么限制，也不期待能够从别人那里得到什么回报和酬谢，对忘恩负义、欺骗和背叛都不要怨恨。信众的爱不随着这些事情而起变化，不会改变，免于失败……[3]

正是这种奇怪的、不可能的、决绝的、无条件的爱——也许用阿尔都塞式的术语来说，一种无主体的进程——有助于区分基督教的道德与自由人文主义的道德。

1　Ian Bradley, *The Power of Sacrifice* (London, 1995), p. 132.

2　伪德尼斯（Pseudo-Denys），公元 5 世纪末到 6 世纪初的神学家与哲学家，否定神学（negative theology）的代表人物。该学派主张不对上帝的存在做直接论证，因为这一问题超出人类的认识和理解能力，只能通过"上帝不是什么"来间接论证这个问题。——译者注

3　Stephen Mulhall, *Faith and Reason* (London, 1994), p. 60.

情境主义者着迷于无回馈的礼赠这样一种观念，偶尔还会定期进行免费礼赠。而情境主义的先驱字母主义国际[1] 就直白地用"冬季赠礼节"命名他们自己的刊物。[2] 冬季赠礼节是另一个关于互惠不必蕴含平等的范例，这涉及或许会被我们称为过度交换的旋涡。如此一来，平等交换与过多回礼之间的界限就被消解了。对于来自他人的慷慨礼赠必须被充分奉还，但是其要点在于每一位捐赠者都要在馈赠上胜过他人，雅克·德里达非常恰当地将其表达为"一场牺牲性的竞标战"。[3] 在一种超现实主义的逻辑中，冬季赠礼节意味着你给出的越多，得到的也就越多。在相当大的程度上，这确实也是牺牲的真理。两手空空的人才是最终的胜利者。戈德利耶写道："牺牲就是通过摧毁所给予之物来给予。"[4] 在一物屈从于死亡的行动中，没有什么能被保留下来。相反，在这里我们遭遇到的是一个整体性问题，是不可逆转的自我耗费。从这个层面说，摧毁的行动蕴含着某种奢侈，而这种奢侈与生命的丰富有着怪异的相似性。

---

1 "字母主义"是 1940 年让 – 伊西多尔·伊祖（Jean-Isidore Isou）在巴黎创立的前卫运动，理论与实践主要来源于达达主义与超现实主义。"字母主义国际"是 1952 年由居伊·德波等人创立的更为激进的运动，五年后印象主义包豪斯国际运动和伦敦心理地理学协会合并，形成了"情境主义国际"。——译者注

2 参看 Wark, *The Beach Beneath the Street*, pp. 70–72。

3 Derrida, *Given Time*, p. 24.

4 Godelier, *The Enigma of the Gift*, p. 30.

卡林·巴尔顿也曾谈论过古罗马的"冬季赠礼节",其中无节制的给予是一个人丰厚财富与充沛生命力的标志。[1]耗尽自我也就是去利用自我的强大力量。让－约瑟夫·古曾经写到过"*munus*"这一古代概念,意思是:"一种过度的自由,浮夸的慷慨,公开且招摇的炫耀",[2]并且视这类挥霍为一种傲慢的形式。这样一种观念反映了馈赠者有羞辱接受者的欲望。冬季赠礼节这种不计后果的慷慨同时也是一种残酷的竞争。如此一来,这反而以讽刺性的视角将一种真正的自我剥夺进一步拔高了。在信用与债务令人目眩的旋涡中,人们不得不徒劳地追逐着无以为报的不可能之礼赠,利滚利地不断对被赠予的进行偿还,因为对此没有可以想象的补偿。福利被用来交换权力,经济被用于政治交易,就像船只被平白无故地粉碎,村庄被夷为平地,狗群被屠戮,钱币被投掷于汪洋。乔治·巴塔耶评论道,在冬季赠礼节的习俗中,给予者"在对于富有的蔑视中变得富有"。[3]

无论是巴塔耶还是德里达,看上去都没有对这样一个事实提起足够的警觉——奢侈仍是一种在道德上被谴责的形式。

122

1　Carlin A. Barton, *Roman Honor: The Fire in the Bones* (Berkeley, CA, 2001), p. 238.

2　Goux, 'Seneca against Derrida', p. 149.

3　Fred Botting and Scott Wilson (eds.), *The Bataille Reader* (Oxford, 2010), p. 68.

狄奥尼索斯式迷狂中暴虐的自我挥霍、不计后果和死亡的萦绕就是一个例子。如果你知道一位法官认为平等原则不过是可鄙的小资产阶级趣味的一个例证，那么你绝对不会想要被他审判。甚至是叶芝这样一位以尼采式的风格将贵族式的慷慨不羁与商人小贩的锱铢必较形成对比的诗人，也会怀疑在1916年复活节起义[1]中，是否是一种过度的爱将反叛者逼上了绝路。莎士比亚的作品也在持续地探索这条纤若蛛丝的边界线，一面是创造性的过剩，一面则是过度的毁灭形式。在《李尔王》中，所有、有、无、应有尽有、太少与太多，这些概念的变化是这部剧作探究最深的问题。

　　不过，在莎士比亚的作品中，《雅典的泰门》最能体现一名热心的挥金如土者如何会是一个伪装的可怕的利己主义者。主角那传奇般的慷慨中蕴藏着某种毁灭性的特质：

> 普鲁托斯，财富之神，
>
> 也不过是他的管家；谁为他做事
>
> 便能得到七倍的回报；谁礼赠于他

1　1916年复活节起义主要由是爱尔兰兄弟会发动的武装起义，旨在寻求从英国独立，是1798年以来爱尔兰最大的起义运动。整个起义始于4月24日，终于4月30日，仅仅持续六天便宣告失败。但该运动仍被认为是爱尔兰最终独立道路上的里程碑。——译者注

总会得到超额的回馈

所有利益均被他弃绝。（第一幕 第一场）

这种冬季赠礼节式的行为伴随着一种报复心理。泰门奢侈
的花费是一种有意为之的对于他人的威慑与削弱，将一切有
竞争关系的馈赠者都减损为乞怜者。他铺张的给予是一种精
明的预先阻止行为，他以此完全阻止了他人的慷慨冲动。与
E. M. 福斯特的至高伦理类型不同，泰门对如何接受完全无
视，这一条件会涉及成为他人施行对象的耻辱。泰门的礼赠
观念简直就是德里达式观念的附体，"只要有所接受，谁都不
能说他真的给予了"，泰门如此强调道。讽刺的是，正如商
品自身的形式一样，这种压倒一切特殊性的滥施的给予，对
特定的人、事物、品质和美德漠不关心。与商品一样，是一
种全然的抽象。它同时也是一种极端扭曲的自吹自擂。慷慨
的"坏"形式在怂恿自我膨胀的同时也让其所寄居的世界贬
值。准备把任何东西送给任何人，就是在炫耀中贬低了你的慷
慨。无差别的布施，实际上也就意味着无一人得到眷顾。更有
甚者，这样的挥霍姿态会捆住他人的手脚，让他们背负上难以
卸下的债。塞缪尔·约翰逊在关于友谊的文章中写道，不能被
偿还的好处通常来说也无法增进情感。比如在某种感伤主义
（sentimentalism）中，不计后果的大度只不过是隐瞒了某种自

我放纵形式，而在泰门的例子中则表现为表面上的自我消费。他挥霍无度的习惯导致了他的破产，这将其拖入了易怒的愤世情绪之中，就像过去的慈善行为所展示的一样，他对特定的品质漠不关心。如果参照尼采所树立的那种自我消费类型，那么以上这种情景就是尤为令人厌恶的。尼采在《善恶的彼岸》中写道，富有而慷慨的灵魂总是挥霍自身，因此才能向恶中充盈慷慨的美德，但一个人必须学会如何持存自身，以超人般的严苛与自律，在自己丰沛的力量之中仍能驾驭自我。查拉图斯特拉的教诲是，善于付出本身确是一种技艺，但是他这么说是为了反驳那些以其富裕为耻的人，这些人把自己的财富挥霍在了忘恩负义的穷人身上。[1]

* * *

最纯粹的无偿行为就是宽恕，它能够打破正义层面的有罪必偿和冤冤相报的死循环，在双方可怕的对称性之间引入一种建设性的非同一性。拟态的力量据此就被打破了：我所做的不意味着你也要做。黑格尔将这种行为描述为"命运的消

---

1 参看 Friedrich Nietzsche, *Thus Spake Zarathustra* (London, 2003), p. 281；此处所指为《查拉图斯特拉如是说》中"自愿行乞者"一章的内容，讲述了查拉图斯特拉与一位牧牛人的对话。牧牛人本是富人，却以此为耻，放弃了财富，希望得到赤贫者的接受，却没能如愿，只好回到牛群之中。——译者注

解"。《启蒙辩证法》将古代牺牲视为一种现代交换原则的前兆，在道德层面掀起了一种关于原罪、罪恶和补偿的徒劳循环形式。这也是正义一报还一报的相互关系所在，对于每一个冒犯都要求给以理所应得的精确惩罚，同样这也是复仇的"天然正义"所在。对于基督教信仰来说，正是上帝对于这种无效原则的拒绝才使得旧制度被推翻，新秩序得以展开，在其中，平等要为过度让路。交换价值的天敌就是宽恕。

如果说在髑髅地有什么打破了这种循环，那就是罪恶与宽恕是一体的这样一个事实所得到的彰显。以一种顺势疗法的模式，毒药和药是同一个真实的两个方面，在替罪羊的事例中就是如此。耶稣受难关涉人类所遭遇的血腥的非正义性，但是由于受难同时也是对于这种行径的宽恕，行动与反馈之间延滞的辩证法——关于罪行、罪恶、牺牲、偿还甚至更多的罪行——都被带向了某种终结。世界的原罪被集中于十字架之上，而这恰恰是为了在此处得到宽恕。上帝的恩典，就是溢出可测尺度之物，而现在这就是常态，一种无缘无故的行为超越所有公平和不偏不倚（even-handedness）之上，这是一种让所有标准都无效的慷慨大度。

宽恕这个概念实际上不太容易被把握。它不意味着遗忘，甚至不意味着要像遗忘了那样去行事。一种关于宽恕和遗忘的命令不但是无法想象的，而且是荒谬的。你也许可以设法

125

谅解谋杀了你孩子的人，但是你很难将这件事从你的记忆中抹去。相反，在弗洛伊德式的观念里，宽恕这个词更多的是一件关于记忆，而不是关于遗忘的事情。宽恕要求你去积极地面对并一再地体验过往，尤其是在这一过程中要拒绝被其所奴役而走向一种神经质状态，否则我们就会永远被冒犯者束缚，无法从中脱身，最后成为自己个人历史的傀儡。如果说那些冒犯是能够被宽恕的，有一部分是因为这些行为同样是当时形势的产物，是身不由己的。"我的父啊，原谅他们吧，因为他们并不知道自己在做什么"，这是恳求慈悲和宽恕时候的经典套话，它是基于对错误意识的辨识。不过，我们也许会注意到，在慈悲与宽恕行为之间还是有区别的。没有被侵犯的人可能都是仁慈的（比如对于法官来说就是如此），但是如果我们没有被冒犯，那么我们也就谈不上能宽恕什么。

　　宽恕并不必然意味着彻底抹除所犯的罪。宽恕并不意味着以某种装模作样的宽宏大量去拒绝道德判断。宽恕也不意味着就要将正义的诉求抛诸脑后了。你可以让一个犯人免受惩罚，但宽恕并不意味着就不能要求犯人为自己所犯的罪做出赔偿。托马斯·阿奎那在宽恕与要求赔偿之间就没看到什么泾渭分明的区别。正如约翰·米尔班克所讨论的，宽恕——"对于不配得到它的人的馈赠"——对于全盛时期的中世纪神学来说并不是一种庄严的单边姿态，也不是一种放弃或者说否弃的形式，而是一种"超越正义之上的正义"，是一种积极的修复与和解。它建基于一种互相认同之上，作为一种对于以往过错的矫正，一种对于应得赏罚的恰当分配。某种程度上说，补偿也就是正义的实现，通过补偿和正义，与错行者和错行本身的和解才能够完成，而与此同时宽恕也就被烙印于其上了。[1]

从这个角度说，宽恕与某种异想天开的绝对君权式的行为不同，后者将整个合法程序弃之不理。宽容他人这件事情并不需要建立在他人潜心悔过这个前提下。毫无疑问，耶稣会乐意听信徒中那些令人厌恶之人的忏悔，但他似乎也没有坚持说自己因此就享受这些人的追随了。他也不会要求这些人通过牺牲来证明自己的懊悔，虽然那个时代的宗教习俗往往要求如此。[2] 相反，以一种完全异教的方式，耶稣与道德上可鄙的人共同进餐，而并不要求他们首先要改变自己的行径。耶稣的宽恕由此看上去就是无条件的。也许他考虑到有罪之人已经没有时间去匡正他们的路了，也无法享受那即将到来的国了。耶稣在宽恕上的绝对立场正是对这一事件的预示。

1　参看 Milbank, *Being Reconciled*, pp. 44–47。

2　参看 E. P. Sanders, *Jesus and Judaism* (London, 1985), p. 271; 关于保罗对供奉品的观点的翔实研究可参看 John M. G. Barclay, *Paul and the Gift* (Grand Rapids, MI, and Cambridge, 2015)。

耶稣不仅仅要求要对那些顽固不化的错行者加以宽恕——他们的顽固不化说明了他们自己将永远被视为外邦人（gentiles）而被抛弃在律法之外——还同时令人愕然地暗示了这些堕落之徒会比义人更优先地进入上帝之国。这是一条属于骗子与娼妓的绿色通道，他们将在天国的盛宴上享有最好的位置。天堂绝非精英式的天堂。相反，它嘲笑尘世间锱铢必较的算计。就像某些跨国大公司的制度一样，神圣的册记制度所服务的秩序与普通的世俗制度截然不同。奥古斯特·斯特林堡的剧作《朱莉小姐》[1]中的一个人物说道："上帝从不势利"，这里说的就是上帝对人类的社会层级是不以为意的。

宽恕错行并不必然意味着要对犯人温和以待。慈悲地对待那些伤害过你的人，这意味着要帮助他们成长，关心他们的福祉，对他们良善而非伤害他们，要克制自己对于他们的怨毒心理，并且要努力不去对他们给你施加过的痛苦感到无法释怀。这也关涉一种反思，即在相同的情形下，我们也许也会采取大致相同的行为。从这个角度说，宽恕某种程度上涉及关于人类弱点的现实主义，这正是莎士比亚在《一报还一报》中提醒我们的。（这部剧作的题目就明白地告诉我们它

---

1 《朱莉小姐》（*Miss Julie*），斯特林堡所作的独幕悲剧。剧中朱莉小姐被未婚夫抛弃后与男仆相好，准备偷父亲的钱与其私奔，却被父亲发现，男仆于是建议朱莉小姐自杀，避免名誉受损。——译者注

是关于交换价值的。）正像哈姆雷特对波洛涅斯（Polonius）所说的，人人不过都是量力而行，那么谁又能逃脱鞭笞呢？雅克·拉康是在匮乏的范畴内谈论对于他者的爱的。显示慈悲也就是要洞悉冒犯者的道德弱点，由此也就是认识到了自己与对方的一致性。正是在这个意义上，《一报还一报》中的爱与认识才如此的切近。作为爱欲的爱是一种典型的幻想中的沉溺，而作为博爱的爱则要求一种几乎不可能的清醒——可以肯定的是，这种爱永远都不可能完全脱离爱欲那温暖人心的幻觉。

原谅你的敌人，这并不意味着强迫你去尊敬他们，更
不用说强迫你每天都邀请他们来共进晚餐了。就像转过另一侧的脸去给对方打这一行为，实际上是一种慷慨的无为（fruitful inaction），而并非一开始就是一种意志状态。虽然这是李尔王恐吓自己小女儿的话，但确实以无报有，则有就会生自无。[1] 从这个角度说，宽恕也就是对于造物行为的模仿，让-吕克·南希称之为"无之中的偶发性决裂"[2]——尽管是以一种创造性的毁灭形式展开的，但在某一层面这一行为也同时将有托付给了无，就像克尔凯郭尔在《爱的作为》中评

---

1 在《李尔王》的开篇，李尔王让他最小也是最疼爱的女儿用语言表达她对父亲的爱，以此来得到她应得的那部分领土，但是小女儿的回答是"nothing"，于是李尔王回应道"什么都不说就什么都得不到"。——译者注

2 Jean-Luc Nancy, *Adoration: The Deconstruction of Christianity II* (New York, 2013), p. 14.

论的那样，并且这种行为也因此可以被视作对造物的反转和重启。由于这一行为不是关于回报的，于是它也就打破了伦理交换价值的死循环，从而创生了一种新的更为激进的境遇。如此一来，阿兰·巴迪欧著名的"事件"概念在此就得到了一个至高的例证，事件似乎是从本然（nowhere）之中生发出来的，并且在这一过程中转变了它出现的语境。[1] 这样的事件是一种准奇迹式的发生，不谙世事之韵律或原委，有时宽恕似乎也需要这样的奇迹。《新约》中的诸多律令无疑都是对血气的冒犯。一个人如何可能去宽恕强奸了他女儿的罪人呢？这就是为什么传统上认为宽恕行为需要依赖上帝的恩典。根本性的宽恕可能远非我们力所能及。它并不属于尘世。无条件之事是神职的特权。宽恕之所以如此困难，其中一个原因就是小孩子还不具备宽恕的能力，而很大程度上我们仍然是小孩子。

即便如此，宽恕还是让我们瞥见若要改变境况需要做些什么。如果宽恕在当下是全然超越于我们能力之外的，它也仍是未来得以呈现的载体。积极地让渡出你的权力位置，以此作为回击，这种行为是一种"泰然处之"[2]，或者说是一种有

1　参看 Alain Badiou, *Being and Event* (London, 2005)。

2　"泰然处之"（*Gelassenheit*），德语词，大意为屈从于更高的权威。在宗教语境中有向上帝、教会和他人献出自己的意思，对立于个人主义的自利观念。——译者注

意识的放手，而这就是一种牺牲或者说欣然放弃。事实上，这种行为就是在宣誓放弃一种最令人欢愉的体验：复仇。正如这个词的词源所暗示的，宽恕就是一种放弃（forgoing）的形式——一种睿智的消极性，它拒绝坚持自己应该做的事，因为它知道这样的行为可能会产生反作用，如此循环往复，坠入某种宿命的轮回。正如在索尔·贝娄的小说《雨王亨德森》中一位非洲酋长所说的：

> （一个勇敢的人）是不会想要活在（对施诸他的过犯的）冤冤相报之中的。A 攻击了 B，而 B 又再去攻击 C？——我们字母表上的字母都用完了，这样的情形也不会终止……他会一直无法收手的。没有人能够阻止他跌入其中，而这就是他那崇高的野心所在。

去承受一桩罪过，而不是将它继续传递下去，这是替罪羊的功能之一。此外，如果每个人都同时是受害者和侵犯者，那么为何不完全地取消这种贫瘠的辩证法，由此相互宽恕，让互相责难服从于一种对于虚弱的共同接受呢？

*   *   *

现在让我们把视线转向文学作品中五个关于宽恕的配角。

当安娜·卡列尼娜决意离开自己冷血的官僚丈夫卡列宁，而投入自己命定之人，也就是迷人的渥伦斯基的怀抱时，卡列宁最开始的念头就是要报复。不过当他被唤到安娜的病榻前，他相信她命不久矣之时，这种怨恨的冲动被融入了怜悯与同情之中：

130　　　　在他的心中生出一种爱与宽恕的愉悦感觉，虽说她本是被他所怨恨的人，但这种感觉也仍然让他感到宽心。他俯身下去，把头埋在安娜虚弱的臂弯里，透过她的袖子，这臂弯仍然如火焰般烧灼，他不由得像个孩子那样啜泣起来……他是多么地怜悯她啊，他曾经想让她去死，而现在他又多么懊悔曾经这样想过，而此刻所有这些也都比不过想要宽恕的心更令他宽慰，宽恕带来的愉悦翩然而至，这不仅仅治愈了他所遭受过的创伤，也让他感受到一种从不曾感受过的内心平静。他突然感觉到他的创伤之源已经变成了他的精神愉悦之源了，他曾经被自己心中难以遏制的咒骂、指责和憎恨所裹挟，像化不开的浓痰扼住了他的心绪，而现在，当他开始宽恕和爱的时候，这一切都变得清澈而又不再重要了。

这种宽恕的行为既是解放，又是澄明。这部小说以令人钦羡的道德之光描绘一本正经的政客，以此巧妙地颠覆了读者的期待，在我们已经准备开始责骂的时候邀请我们步入共情之中。不管卡列宁在情感上有多么的不敏，他也是有内在生命的人。反倒是光彩照人的渥伦斯基如果能站在一个妻子出轨的男人的立场，就会发现自己无法与对方的道德品质匹敌。就像《米德尔马契》中情感冷漠的卡索邦（Casaubon）才更值得我们去同情一样，托尔斯泰通过扰乱读者司空见惯的期待视野，对他的听众进行了道德上的再教育，也就是让他们看到，最冷若冰霜的角色伴随着性背叛的创伤也同样能够成为情感上最为脆弱的人。

萨米·芒乔伊（Sammy Mountjoy）是威廉·戈尔丁的小说《自由堕落》中的主人公。当他失去自由之时，开始探寻自己一生中的重要时刻。为了能做到这一点，他必须拆散他人生叙事中的那些错综复杂的因果关系，它们曾经构建了关于他一生的表述。萨米于是落入了一张由与他人之间的爱与愧疚、罪过与欲望、行动与反应所编织成的网，在其中，一种社会无意识所孕育出的有害影响要远超其初衷。"如果不彼此杀害，人似乎就无法前行了"，萨米的一个朋友抱怨道。"我们既不是无辜的，也不是邪恶的，"萨米说道："我们只不过是有罪的。我们堕落了。我们匍匐爬行。我们为彼此流泪哀悼。"在这种难以逃脱的互相戕害之网中，我们生而承担着有罪的无辜，没有被给予任何选择的机会，这就是基督教所说的原罪。而萨米则决心"打破这一可怕的堕落之链"，他笨拙地沿着这条稠密而又一团乱麻的绳索回溯，想要找到他是在哪一点上坠入网中以致不可救药的。不过，并没有这样一个决定性的时刻。堕落总是已经发生了的。这一网络总是能够在时间维度上被进一步展开，或者在空间维度上被进一步追踪。因此，雅克·德里达不受欢迎而又不可置疑的主张，就是没有什么能够超出文本的边界，任何一个标记对于书写来说都不会造成任何影响。《自由堕落》自身就是一部在回溯与向前之间来回往复的文本，它不是为了给我们提供一个线性叙事，而是圈定主人公失去他自由的那些关键时刻。

为了修复某些创伤，萨米去拜访了普林格尔小姐（Miss Pringle）——一名虐待狂女校长，曾经在他还是孩子的时候残忍地对待他，他想要去宽恕她。但是女校长完全抵赖自己的残忍，遁入清白无辜之中，如此将罪恶感仍旧丢给过去的学生背负。没有她的悔改，萨米的原谅就是毫无价值的。这部小说所反映的就是无辜者不能去原谅，因为他们并不知道自己被侵犯了；但那些更虚伪的罪犯们同样也不能，像普林格尔小姐这样的人否认自己是他们罪恶行径的所有者，不让他们的受害者得到安慰，以此再次折磨了他们。死者也与宽恕无涉，这就是为什么那么多的政治罪必然无法被真正平反。

132

说到宽恕，某种意义上冒犯他人就是把自己置于他们的怜悯之下，这样一来，那些我们伤害了的人反倒成了占上风的一方。

不过，萨米并不是在这里偶然撞见他的自由，而是在被囚禁于纳粹集中营时。陷入半疯癫状态，对地上某种黏稠的东西感到恐惧，一种隐晦的悚然感——一颗心溺死在自己的血液中，或如被阉割的阴茎——在毫无征兆的情况下，突然获得了释放："仿佛从我的膝盖中升腾起来，扯着我的裤子，我步履蹒跚地走向审查官，但是审查官已经不在了。"这位审讯过芒乔伊的纳粹官员，向他展示着法律、罪与惩罚那全套的恢宏装置，现在他就好似戏剧布景一般被猛然撤走了，留下了一个没有审查官的世界，它如此熟悉而又全然陌生。负责萨米案件的审查官被一名官员替换了，并且还为他同事苛待萨米致歉。监房地上那种黏糊糊的令他悚然的东西此刻变成了潮湿的地毯。

罗伯特·迈瑞威尔（Robert Merivel）是罗斯·特里梅因的小说《重拾》的主人公。他是查尔斯二世的庭臣，因失宠于国王而被剥夺家乡的宅邸。在朝廷中他被赋予的角色是国王非正式的愚人，他从冠冕堂皇的朝堂到了贵格会[1]的医院，在这

1　贵格会（Quaker），又称"教友派"，17世纪基督新教的一个派别，反对任何形式的暴力，反对洗礼和圣餐，主张人人为兄弟的友爱关系，将和平主义和宗教自由的思想带入了基督教。——译者注

里过着一种严苛的自我节制的生活，并且用自己的医术救治穷人。后来他在伦敦大火中救了一名妇人。结果查尔斯国王出乎意料地将他召回他之前的宅邸，并且说他可以再一次成为它的所有者，"这是对你挽救生命的回报，也是对于你已然成为这样一位卓越之人的肯定"。正言之，这是一个重拾的行为，迈瑞威尔被返还的部分等价于他的美德。然而，其中真正重要的是国王重拾了自己的情感，而不再是刚愎自用的主体了，这种来自国王的爱在迈瑞威尔眼中才是真正无价的。在这一时刻，迈瑞威尔其实早已被他所经受的一切磨去了棱角，不再对重获查尔斯国王的善念抱有任何天真的期望。而也正是在这一时刻，国王将自己的恩宠施予了他。如果无辜者不能宽恕，愚蠢者也就不能理解他们所拥有的价值。迈瑞威尔经受了失落与折磨之后，最后就是这样做的。

帕特里克·梅尔罗斯（Patrick Melrose）是爱德华·圣·奥宾《最后》的主人公，当他还是一个孩子的时候他受到了自己父亲的性侵，总是处于精神崩溃的边缘。然而，在小说的最后一页，他有了一种新的自我认识：

> 也许那些他认为自己所不能忍受的，无论是什么，都或多或少是因为他认定那是自己无法忍受的。他并不知道到底是不是这样，但是他必须搞清楚，所以他开始敞开

自己的心扉，向着那些全然无望和支离破碎的感觉，他觉得那是自己终其一生都在试图拒绝的东西，同时也终其一生在等着这些东西来撕碎自己。但终于还是事与愿违。他所感到的并不是单一的无望感，而是在无望的同时夹杂着对于无望感的怜悯。它们前后相继，就好像他已经本能地要去扯掉损伤的筋骨，或者卸去疼痛的肩膀。他再也不觉得自己是一个婴孩了。他是一个成年人了，而婴孩般的混沌却从他的意识中喷涌而出。随着这种怜悯的蔓延，他开始站在和他所想象的施暴者平等的视角来看待自己。他看到他的父母，他们是他苦难的根源，而一个不幸的孩子与父母一起构成了他们全家人苦难的根源：没有人是应该被责难的，所有人都需要救助，那些最应当被责难的同时也就是最应当得到救助的。就在这一刻，他终于在一个无法逃避的层面看到了那些事情的本来面目，那些个人经验的摩天大楼的基点。那些不可名状、语焉不详的沉重黑暗被转入了一种沉默当中，又竟然毫无遮掩地清晰了起来，他在这种澄明中看到了自由的轮廓，看到了一种永劫的休止。

　　帕特里克滑入他的椅子之中，舒展四肢。他注意到自己冰冷的泪水落在他的面颊。眼睛如洗过一般，伴随着一种疲惫而空洞的感觉。这就是人们所说的平静吗？不，此刻的感觉一定胜过那种平静，但是他也不置可否。他突然想要去见自己的孩子，那些真实的孩子，而不是那些祖先孩子的鬼魂，那些真实的孩子有着理所应当的契机去享受他们的生活。他于是拿起电话拨通了玛丽的号码。

通过承认原罪，帕特里克最终还是宽恕了他的父母。他们都同样受缚于伤害、怀疑、罪孽和责难的匿名之网，既无来源，亦无归宿。就像拉康式的欲望一样，这种情形不是专属于某个个体的，而如果想要获得自由，梅尔罗斯就必须试图不把自己悲惨的人生视为其所特有的。和他一样，他的父母也从他们的先辈那里继承了难以弥补的缺陷，那些先辈就像不安的鬼魂一样，继续寄居在后辈的精神状态中，这些鬼魂也在帕特里克这里阴魂不散，也在他与他人的关系之中徘徊不去。阿德里安·普尔写道："从一种宽泛的意义上看，悲剧总是关于如何处理前代遗毒的问题。"[1] 由于归咎于原罪，到底有多少个体被命中注定地投入了某种关系中，这是难以估量的。帕特里克可怕的父母和他一样被可怕的血脉所裹挟，因此责任并不完全在他们。只有通过拉开距离地审视他才能够认识到这些，"不要将他的经历说成好像只有他自己才这样似

1　Adrian Poole, *Tragedy: A Very Short Introduction* (Oxford, 2005), p. 35.

的"，同样这也通过一种真切的治疗性的自我怜悯打开了自己的心结。将自己的命运视为与他人的命运扭结在一起，就等于暂时跳脱出了自己惨淡的存在，这种距离感和被共同卷入感对自我宽恕来说是必不可少的。通过这种自我抽离的美德，他现在将自身内部的成人与孩子的部分区分开来，在将两者分离的同时承认了两者之间不幸的延续性。这里并不是说作为一个成年人，他能够驾驭他内心属于孩子那部分的混沌了，而是他终于有能力在某一时刻作为成年人去真切地臣服于他自身的恐惧，而对于一个孩子来说，做这样的自由决断是力所不及的。通过有意识地在脑海中重温他那被蹂躏的童年，他开始能够超越它。尽管只是"反作用的暂停"，他最终还是挣脱了绑架了他的血脉之链。

凯特·克罗伊（Kate Croy）和莫顿·丹舍尔（Merton Densher）是亨利·詹姆斯作品《鸽翼》中的一对年轻情侣，他们彼此相爱，但是并没有打算结婚。他们和一位极其富有的美国女人米莉·锡尔成了朋友，凯特发现她已经病入膏肓，命不久矣。凯特怂恿丹舍尔去追求米莉，而米莉已经爱上了丹舍尔，如此一来在米莉去世之后丹舍尔就可以继承米莉的遗产，然后和凯特结婚。米莉在她去世前的病榻上说破了这一诡计，但是仍然要将她的财产遗赠给丹舍尔。这一无缘无故、令人震惊的行为让丹舍尔无法自拔地陷入了爱中，爱上了那些米莉也同样铭记的过往。因为对于他和凯特的诡计感到悔恨，他拒绝了米莉的遗产。由于怀疑丹舍尔真心爱上了那个死去的女人，凯特坚持只有他接受遗产她才会嫁给他，以此来验证他是否已经将对自己的爱抛到脑后了。而丹舍尔虽然仍希望迎娶凯特，但是只有在放弃米莉遗产的条件下才愿意这样做。而如果凯特选择不嫁给他，那么他就把遗产转让给她。由于无法解开这个死结，丹舍尔和凯特永远分开了。

米莉美好的非功利行为是一个关于慷慨的完美例子，这是一个单方面的给予行为，同时也是一种宽恕。詹姆斯的小说叙事中，最能够充分地建构起一桩重大事件的往往就是这种无为（在这个例子中，米莉拒绝清偿凯特和丹舍尔所应付出的道德代价）——匮乏、缺席、拒绝或者弃权在这里才是决定性的戏剧转折。事实上，对詹姆斯来说，书写本身就是一种创造性的弃权行为。米莉这一非凡行为一方面是一种无为——一种对于报复的神圣拒绝，另一方面也是实实在在的过度，因此她在两极之间挫败了一切机巧性的谋划。而同样真实的是，她所馈赠的财富其自身只是死板之物，但现在却成了能够孕育几乎无限可能性的子宫。在詹姆斯的书写中，金钱确实能够赋予你一个阔绰的人生，但是它同样也会让你成为那些穷凶极恶的掠夺者的眼中肉。金钱既是祝福，又是诅咒。

米莉的行为就是巴迪欧意义上的事件，詹姆斯似乎把它当作"行于文前之事"（*avant la lettre*），在小说的附录里他大写了这个词。死亡将所有的债务抹平，改变了一切，这正是降低交换价值，开启一种令人惊异的不可测前景的适当时机，在此被谋划好的期待倏然断裂，凯特和丹舍尔的世界被彻底颠倒了过来。米莉是凯特和丹舍尔要牺牲掉的鸽子，但是最后通过恭顺地接受这一角色，米莉彻底超越了它。一只鸽子也许是脆弱的，但是它也同样是展翅翱翔、充满活力的生物，能够在空中掠过那些地上的追捕者。米莉过于慷慨的给予行为与凯特小心翼翼、充满算计的牺牲行为之间形成了鲜明的对比，她将丹舍尔拱手让给了自己的对手，这是一种完全着眼于其中利益的自我克制。"米莉"（Milly）这个名字和"金钱"（money）构成一种"头尾韵"（para-rhyme）[1]，两者在凯特的眼里多多少少是一样的东西。但是对于丹舍尔来说则不是这样，他对于米莉的渴望要多于金钱，因此他可以在失去凯特的同时也放弃遗产。正如乔治·巴塔耶写道，一个人会通过牺牲来摧毁给予，这是为了"放弃那些有可能让他成为受害者的财富"。[2]

---

1 指一行诗中最后的重读音节头尾辅音不变、元音不同的韵法。——译者注
2 Georges Bataille, *The Accursed Share* (New York, 1988), vol. 1, p. 59.

米莉的行为是纯粹的，这部分由于它不会为她自己带来任何后续的结果，因此这一行为又像是对于一己私利的免除。她甚至不会从丹舍尔的感激中获得什么好处，因为当他理解了她的宽宏大量之时，她已经殒命了。米莉像一名殉道者那样死去了，将她自己的死亡馈赠给了丹舍尔，以此来满足她所爱的男人。而由于这一行为又会成为丹舍尔迎娶凯特的先决条件，米莉垂死时候的行为就代表了一种双重的宽恕。她是一个多年来一直生活在死亡阴影中的人，当死亡最终来临时她不太可能缴械投降。因此她才有能力使她的死亡具有一些最丰饶也是最独特的东西。她明白病中的自己是虽生犹死之人，而在临终之时她扭转了这一境遇，成了一个虽死犹生之人。在詹姆斯看来，艺术自身就是一种虽死犹生，或是一种永恒的自我献祭。这也就意味着写这部小说这一行为本身与小说中的主旨是一致的。弃绝是他永恒的主题之一。米莉必须给予的东西——她的财富——与她付出的爱相比不值一提，于是馈赠行为与赠品本身相比也微不足道。她的礼赠必须以一种激发了它的献身精神进行自我替代。她的金钱就是她能够给出的全部。从这个意义上来说，她付出财富就像《圣经》中的寡妇付出仅有之物。

米莉的礼赠在某种程度上被归还了。它被丹舍尔的爱交还，他愧疚地拒绝接受它。詹姆斯写道："他被某些东西击中了，它们过于美好和神圣，简直无法描述。以他已经恢复的知觉来看，他是被宽恕的、被别人献身的、被祝福的……"在一种消极互惠之中，一种不回应被报以一种不接受。不过纯粹的单方面行为是非常难以达成的。就像任何其他事件一样，他们也落入了纠缠不清的因果之网，产生了很多不可估量的影响，就像凯特自己的精心算计最后完全失控。在大他者的目光下，你永远无法预测自己的行为会带来什么。无论是不是有意的，如果不是对于她自己，米莉的自我弃绝对于她的同伴来说也是最为致命的决断。在这种崇高的超越自利的行为中，这种道德上令人称颂、美学上令人炫目的姿态成功地使凯特和丹舍尔分手，令他们之间的关系就像是一场长期的出轨行为。

那么，这里的问题就在于米莉是否预见到了这种结局，她到底是一位圣人还是一个诡诈者呢？[1]毕竟在詹姆斯的笔下还有很多其他令人敬佩的年轻女性——《波因顿收藏品》中的弗莱德·维奇（Fleda Vetch），《螺丝在拧紧》中偏执的家庭教师，《金碗》中的玛姬·沃沃（Maggie Verver）。相比于她们出场的轻信的世界来说，她们的形象远非在道德上无可指摘。

1　对于这一小说的大多数批评都是以一个天使的视角来看待女主人公，比如 Dorothea Krook, *The Ordeal of Consciousness in Henry James* (Cambridge, 1962), chapter 7。

139 　莫里斯·戈德利耶写道："赠予行为，无论是时而为之还是持续不断的，既可以是慷慨，又可以是暴力。"[1]米莉的慷慨会是一种迂回的侵犯行为吗？最好的复仇方式就是放弃复仇吗？她这种极端的慷慨行为会是为了将凯特投入道德阴影之中，从她的掌控下夺走丹舍尔，维持他不灭的感情，以此用终身挥之不去的失落与悔恨惩罚这位不忠的爱人吗？丹舍尔为其欺骗而受到的惩罚不就是终其一生都被一具僵死的身躯所牵绊吗？就算这一将死的女人没有预谋这些——这种远见需要具有相当程度的道德复杂性，即使对于詹姆斯式的主人公来说，这也是很卓越的——她的礼赠本身也仍然会被视为一种超然的道德姿态。无论如何，如果这是自发而非算计，道德上的卓越行为又如何会如此冷漠无情地成为一种给他人带来伤害的潜在行为呢？

　　正如詹姆斯时常表露出来的那样，这一问题是悬而未决的。这部小说非常小心翼翼地不让我们落入女主人公好似英雄主义的动机当中。很难说自我牺牲是利他的还是利己的，是一种自我的谦卑还是殊死一搏。如同一位评论家曾评价塞缪尔·理查森笔下的帕梅拉（Pamela）一样，也许詹姆斯笔下的女主角就是诡计多端的，只是出于无意识。也许由于被死

1　Godelier, *The Enigma of the Gift*, p. 12.

亡与虚弱的身体所约束，她就是与她那两位不忠的伙伴不同，处于一个全然不同的道德世界。也许她的行为是纯粹的，但是沾染上了"病态的"污点。也许在她的平心静气是否是真实的这一问题上，她本人没有像读者那样想得这么多。无论如何，就算米莉真的设计拖累丹舍尔终身，她的动机就那么重要吗？丹舍尔的悔恨就意味着他值得这样的爱吗？不过如果米莉能够看到她的行为所带来的破坏性后果，她也许也会承认这是一个糟糕的错误。在临死之时采取这样的行动，这样做唯一的缺陷就在于你不再有机会修复那些事与愿违的结果。但是我们永远无法知道米莉是不是会对这样的结局感到失望了。

因此这部小说表明，就算礼赠所附的条件非常少，它仍然能够让一个人背负上沉重的道德包袱。正是这样的债务驱动着牺牲那永世不停的循环。给予可以是危险的事情。它可以在赠予者与接受者之间锻造一条无法扯断的纽带，双方都想摆脱而又不能，并且可能终将带给他们悲伤的结局。有些现代企业会通过奖金的形式来嘉奖他们的员工，从而让他们高兴并且激发他们更努力地工作。[1]一位商业评论者曾提出过，产品应当被赠送，这样就能够激发顾客更高的忠诚度，并且

---

[1] 参看 William Davies, *The Happiness Industry* (London, 2016), p. 182。

刺激他们买得更多。[1] 所以马塞尔·莫斯告诉我们，在一些原始部落中，把礼物扔到地上以显示他们对礼物的戒心，这通常就是表现不信任的举动。给予很可能是为了控制受惠人。债权人身亡而不能偿还债务，或者无视偿还义务，这些都会给自己增加无尽的负担。也许并不存在没有附加条件的馈赠，即使馈赠者自己没有附加什么东西。也许正如礼物这个词的词源所显示的那样，所有的礼物或多或少都是有毒的。[2] 宽恕同样也是一件危险的事情。它只会加深被宽恕者的罪恶感，使得他们成为这笔永远无法偿清的债的奴隶，这似乎就是詹姆斯的小说中丹舍尔最后的遭遇。他现在不得不与米莉的死捆绑在一起，永远被冻结在她宽恕的时刻。

141 　　如果米莉是一只被牺牲掉的鸽子，那么她也是一种替罪羊。她似乎把凯特和丹舍尔的过错记在了自己头上，并以自己的死来承担他们的罪过。就像替罪羊一样，她是一个救赎性的生命，是一位守护神，她展开翅膀庇护了她不忠的朋友，把他们的贪婪和口是心非转化为新生的契机。现在，我们可以把问题转向那些作为替罪羊的主体了。

1　Davies, *The Happiness Industry*, p. 185.

2　在一些日耳曼语语系的语言中，"poison" 与 "gift" 同源，比如在古高地德语、德语、荷兰、丹麦和瑞典语中。——译者注

第五章　国王与乞丐

先知以赛亚曾以令人动情的言辞描绘过一类人，即耶和
华的仆人，被很多学者视为基督的范型：

> 他诚然担当我们的忧患，
>
> 背负我们的痛苦；
>
> 我们却以为他受责罚，
>
> 被神击打苦待了。
>
> 哪知他为我们的过犯受害，
>
> 为我们的罪孽压伤。
>
> 因他受的刑罚，我们得平安；
>
> 因他受的鞭伤，我们得医治。（《以赛亚书》53：4-5）

这一类人实际上就是替罪羊，他们承担了共同体的罪，
而共同体则因此而得到净化。[1] 这里涉及一种奇特的交易方式：

1　对古典时代替罪羊的论述可参看 Dennis D. Hughes, *Human Sacrifice in Ancient
　　 Greece* (London, 1991), chapter 5；以及 Jean-Pierre Vernant and Pierre（转下页）

替罪羊被败坏得越重，则城邦就越能得到净化。替罪羊之死就是对于共同体的救赎。而在现代则正好相反，道德上的病症被更多地归于个人。若泽·萨拉马戈在《里卡尔多·雷耶斯离世那年》中写道："我们都病了，有着这样或那样的不适。一种根深蒂固的顽疾，它与我们之所是密不可分，并且某种程度上造就了我们之所是，你甚至可以说我们当中的每一个人都是他自己的疾病……"或者就像萨缪尔·贝克特在《无名的人》中所写的："我们都是一团糟，但我们可能是一条船上的人吗？不，我们每个人都是自己独特的一团糟。"

替罪羊或者法耳玛科斯还涉及另外一种怪异的含混，越是被深深玷污的，头顶堆积如山的罪恶越是摇摇欲坠，就越是显示出令人崇拜的无私。救赎的力量就是如此随着人类罪恶的加深而不断加强，这就是为什么人们献祭兽畜，它和所有其他神圣事物一样，既是被祝福的，又是被诅咒的。替罪羊是一种不可思议的动物，既有罪又无辜，既有毒又治愈。通过一种顺势疗法，这样的生物通过被玷污而起到清洁的效果。它自身是无罪的，但是正像圣保罗所说的基督那样，是为了他人而"制罪"（made sin）。保罗在《加拉太书》中写

（接上页）Vidal-Naquet, *Myth and Tragedy in Ancient Greece* (New York, 1990), chapter 5; 对赎罪日希伯来替罪羊仪式的论述可参看 George Buchanan Gray, *Sacrifice in the Old Testament* (New York, 1971), chapter 20。

道："基督既为我们受了咒诅，就赎出我们脱离律法的咒诅。"
（《加拉太书》3：13）让－约瑟夫·古在谈到俄狄浦斯时写道：
"受难最多者即是堕落最深者，即是被拒斥者，而对于那些为
他的死亡而感到欢愉的人来说，他也就是永久祝福的源泉。"[1]
就像殉道者从衰败了的处境中也要攫取出一些有价值的东西，
替罪羊也同样是这样一种将罪恶转为清白，或者将罪转入圣
洁的手段。因为替罪羊是由他人的诸多行迹所构成的，是
各种琐碎之罪的杂糅之合，而其自身则无所谓自我。但正是
这样的一种非存在模式才能在活着的人之中发挥某种特殊的
潜能。

　　替罪羊这一生物的混杂性暗示了一种共性（commonality），　144
这一点与杂交这一最为后现代的生物形式并不一样。替罪羊
代表了人们所共同拥有的未被涤净再生的灵魂之聚合。至少
我们有共同的罪，这就成了我们建立某种相互归属形式的基
础，使其显得不那么声名狼藉。这就是法耳玛科斯所代表的
消极的团结，在这种原罪状态中，人们不由自主地被捆绑在
了一起，共同承担着罪孽与伤害，而它又必须为某种更为积
极的互惠形式建立基础。只有这样，替罪羊才能从怪物变成
救世主。作为一种"去区隔化"（de-differentiating）的力量，

1　Jean-Joseph Goux, *Oedipus, Philosopher* (Stanford, CA, 1993), pp. 184–185.

这一令人厌恶的生物就是我们共同的人性标志，它自身比将其区隔出去的东西更为根本。在德里克·帕菲特权威的伦理学著作《理与人》中，他发现差异作为建立道德的基础是非常薄弱的。或许我们还可以说政治也是如此。法耳玛科斯将所有这些集合于一身，这就是拉康式的想象界、象征界和实在界的三位一体。这头野兽由此便具有了可怕的双重性，既是陌人又是兄弟，既是异端又是同盟，以拉康的术语来说，它就位于想象界之中，但它同时也是实在界的化身，它有能力打破并重建象征秩序。

叔本华笔下的个体不再把自己区分为自我和他人，但是"必须将一生中无尽的苦难都视为他自己的，并由他自己背负起整个世界的苦难"。[1] 关于这种忘我的冷漠能找到的一个小例子，就是艾丽丝·默多克小说《独角兽》中圣洁的丹尼斯·诺兰（Denis Nolan）。在这部小说的设定中，他从房子中搬出去以清除某种永恒的暴力。我们也会想到弗朗西斯·斯图亚特那怪异而又奇特的、令人印象深刻的小说《救赎》。到了 19 世纪末，是最伟大的艺术家承担了对于他人痛苦的同情，他们牺牲自己的个人满足感，仅仅为了同情地再现他人所受的折磨。

1　Arthur Schopenhauer, *The World as Will and Representation* (New York, 1969), vol. 1, pp. 378–379.

那些追求作品完美的人就必须舍弃人生的完美，投入人类最绝望的深渊，为的是将其转化为丰富而珍稀之物。"无尽的温柔，无尽的受难之物"，这句话本来是 T. S. 艾略特的诗句，却以一种讽刺的版本突兀地出现在了奥古斯特·斯特林堡的剧作《复活节》中。在剧中，埃丽奥诺拉·海斯特（Eleonora Heyst）沉溺于一种病态的冲动之中，想要将别人的苦难都背负在自己身上。

这种关于替罪羊的观念也对现代最好的一些批判性思想产生了重大影响。约翰·哈芬登在评论威廉·燕卜荪的《田园诗的几种类型》时，就写道：

> 田园牧歌式的英雄是在一种双重性中被发现的，他既是典型人物，又是特异人物（既是宏观的又是微观的，既是复杂的又是简单的）：就他所代表的一切而言，他是众多的（Many），而就他所掌握的全部和每一事物而言，他又是独一的（One）；他既是内部又是外部，既包罗万象又具有象征意味。[1]

燕卜荪将替罪羊同时联系到艺术家和罪犯两者之上，作为一

---

1 John Haffenden, *William Empson, vol. 1: Among the Mandarins* (Oxford, 2005), p. 384.

种脱离社会的形象，因为过于贫困而无法从中获益，但是随之而来的独立性则使得他能够对那原本审判他的社会秩序进行审判与批判。如果替罪羊就是一种有同情心的罪犯，那么正如燕卜荪所进一步说明的那样，替罪羊就可以用来同时暗指基督与牺牲性的悲剧英雄。[1] 正像牺牲的受害者一样，替罪羊以一种更高的善为名来拥抱否定性。

146　　对于这种自我牺牲来说，古代的替罪羊制度就是它的"客体化"版本，在其中，道德的齿轮尚未开始提速运转。作为一个代表着他人的隐喻性形象，它关涉一种普遍性与个体性之间的短路。正是由于替罪羊自身的一无所是，它才有能力代表一个作为整体的共同体，而又由于这种以单一个体作为整体之化身的能力同样也是国王或酋长的能力，这一最为卑微的生命就与最为尊贵的人具有了某种共鸣。正如我们在马克思的例子中所看到的那样，在现代，替罪羊的地位将被革命主体所继承。和这种革命主体一样，替罪羊以其污秽的身躯见证了其所在的社会秩序中的丑恶暗面，同时也标识出了那些隐藏的敌人会暴露出来的地方。如此一来，替罪羊就显现出了一种维持着城邦存在的排斥，但是它的名字又无人

1　William Empson, *Some Versions of Pastoral* (Harmondsworth, 1966), p. 20; 也可参看 William Righter, 'Fool and Pharmakon', in C. Norris and N. Mapp (eds.), *William Empson: The Critical Achievement* (Cambridge, 1993)。

敢于言明。这是文明能够创造出的最接近于暴力的可感形象，而它正是文明的有利条件之一。而由于只有那些体现了社会矛盾的人才能够转化矛盾，这种被放逐者的虚弱反而就是某种潜力降临的征兆。法耳玛科斯的观念所要捕获的正是这种力量与虚弱之间的相反相成。在古希腊神话中，只有那拖着流脓的伤脚却仍然张弓搭箭之人才能够拯救城邦。

有些人之所以是牺牲者，是因为他们被认为是污秽的。而与之相反，替罪羊被玷污，则是因为它是一名牺牲者。其自身存在所受到的玷污越少，其代表性地位就越清楚鲜明——事实上它是替他人受过的，在它清白无瑕的衬托下，它所代表的他人的腐败就越是鲜明地被呈现出来。要成为神圣的也就意味着要被排斥，却不意味着必然要被置于高位。就像 147 "雅威的贫穷者"一样，他们是希伯来经典中的贫困者和弱者，是被弃之于尘土之人。赤贫者除了神之外一无所有，而这恰恰是他们神圣的原因之一。实际上，正因为他们一无所有，他们才是耶和华强大神力最雄辩的见证者。正如圣保罗在《哥林多后书》中说到的，我们将自己的珍宝投入瓦器中，这是为了说明真理的来源是超越于我们之上的。[1]

1　原文为："我们有这宝贝放在瓦器里，要显明这莫大的能力是出于神，不是出于我们。"（《哥林多后书》4：7）——译者注

就像在受洗中的主体尽情地承担起了那些并不专属于其个人的罪过（也就是所谓原罪），由此基督在十字架上的受难就被重演，法耳玛科斯的躯体就像海绵一样吸收了城邦中的诸多罪恶。正如勒内·基拉尔所说的，这种形象存在的目的就是："将共同体中所有的感染病株都来者不拒地收归己身，并且将其转化为和平与繁殖之源。"[1] 只有通过成为活生生的恶的形象才能恢复善。就像《一报还一报》中的公爵所说的："我知道过度热衷为善，需要一服解热的药剂。"（第三幕第二场）出于这个目的，替罪羊或多或少成了弗洛伊德式的整个机制的集合体：凝聚、位移、投射、加倍、替代、转化、否定等等。作为一种被普遍意义所浸染的卑微事物，作为一具沐浴着神圣光晕的被亵渎了的肉体，它是一种卓越的象征。由于被全然地置于恐惧的注视之下，它既被赋予了崇敬，又被赋予了仇恨。既被崇敬又被责难，这就是所谓的有罪的无辜者。

在亚里士多德看来，悲剧英雄并不以替罪羊的那份无辜而被祝福；但是他也不完全是有罪的，因为如果他是完全的罪人，他也就无法激发起观众的怜悯与同情。但俄狄浦斯是个例外，他就是一名法耳玛科斯，他既是毒药又是解药，既

148

1　René Girard, *Violence and the Sacred* (London, 2013), p. 120.

是人又是兽，既是异乡人又是兄弟，既是猎人又是猎物，既是丈夫又是儿子，既是内部人又是外来者，既是立法者又是违法者，既是国王又是乞丐，既是万有又是无物，他既不是罪人又不是无辜者，他是一名有罪的无辜者。塞缪尔·理查森笔下被强奸的克拉丽莎也许是另外一名有罪的无辜者，在客观上她是纯洁的，但是在主观上她又是被玷污了的。就像雅克·德里达在《散播》中写到的，法耳玛科斯"所代表的邪恶既是融合的，又是投射的。其益处在于他因此得到了治疗——他得到了崇敬和关心，而害处在于他要成为邪恶力量的具身，因此他也被战战兢兢、小心翼翼地对待。既警觉又平静，既神圣又可憎。"[1] 真正神圣的生物，也就是说那个既被诅咒又被祝福的人，不是什么别的东西，而就是人类自身，斯芬克斯式的谜题将道德上的区分变得混乱，人类于是就像一只被污染的、完美无瑕的替罪羊。人类——主权者与野兽、超人与次人的混合体——才是那个需要被怜悯的，但也需要带着恐惧的心去对待的怪物。

替罪羊的结构是隐喻性的。在这样一种聚集转换的行动中，法耳玛科斯代表了作为整体的人，而人们将它遗弃在沙漠，扔出城墙之外，以这样的仪式否定自己的邪恶。而在这

1　Jacques Derrida, *Dissemination* (Chicago, IL, 1981), p. 133.

种驱逐外来人的过程中，他们也就划定了自己的政治版图。由此，在纯净与污染之间，一道严格的区分之墙被竖起，而法耳玛科斯自身含糊不清的神圣与污秽则使之成疑。詹姆斯·乔治·弗雷泽所说的"原始"思维的一个特征就是无法明确地区分神圣的和亵渎的。威廉·罗伯逊·史密斯主张，明确地建立区分才是"走出野蛮的真正标志"。[1] 这两位学者大概都不会太同意《罗马书》中所提到的看法，其认为随着基督的死而复生，洁与不洁之间的区分已然被抹去了。纯洁与污秽的概念只属于那些偏执的过去，取而代之的是恩典与罪的对立——更粗略地说，是丰富的生命与贫瘠的生命之间的对立。

对法耳玛科斯不予承认也就是拒绝这样一种形象，陷于一种"这是我们，又不是我们"的境遇中。就像置身于拉康式的想象界之中，这是一个既有模仿又有敌意，既有同一性又有疏离性的域界。弗雷泽坚持认为替罪的习俗源于对一种隐喻——将一个人的疾病转移给另一个人的事实依据——愚不可及的字面转译。他认为这是一种典型的来自"狡诈自私的野蛮性"的"情感误置"（pathetic fallacy）。[2] 然而即便弗

1　William Robertson Smith, *Lectures on the Religion of the Semites* (Sheffield, 1995), p. 10.

2　James George Frazer, *The Golden Bough, Part 6: The Scapegoat* (London, 1913), p. 143.

雷泽把这看作野蛮人的习性，我们也难以忽略在后野蛮时期这样的习性仍广泛存在的事实。我们可以在精神分析学家身上瞥见法耳玛科斯的奇异变种，其同样成了不正当暴力冲动的焦点，而精神分析学家想要消解这种移情，其治疗方法的关键之处，与将替罪羊弃之于沙漠的做法虽然时代相距甚远，实质上却别无二致。

　　另一种对待替罪羊的方法就是换喻，即承认黑暗之物是属于自己的，或至少是自己的一部分。在传统上被认为是忏悔的行为中，神圣的恐怖在门前徘徊不去，在这一可怕而又畸形的鬼魅中，人们发现了一个关于死亡—交易、生命给予之真实的形象，共同体想要得到救赎就必须去面对它。[1] 城邦在这一可怜的生物身上看到的不仅仅是它被弃之如废物，还有这被强加于它身上的驱逐行为本身是多么的畸形。当城邦将这一行为自身视为其畸形的征兆时，城邦也就承认了寻找替罪羊的行为本身关涉一种因信念转变而带来的改过自新（metanoia），或是一种更为根本的自我革新。而这不仅仅是开疆辟土的问题。吉奥乔·阿甘本的评论就抓住了重点："事实上，正是那些被排除在共同体之外的东西才是共同体整个生

150

1　我之前曾讨论过其中一些问题，参看 *Sweet Violence: The Idea of the Tragic* (Oxford, 2003), chapter 10；以及 *Holy Terror* (Oxford, 2005), chapter 6。

命赖以存在的基础。"[1] 因此，和某些陈腐的后现代的所谓"包容性"姿态不同，对于这些被排斥之物的重新整合必将动摇社会秩序的基础。

对于替罪羊的同情并不是拟态的神奇亲和力，也不是想象中的自恋。相反，这种同情所显示的问题是，团结要如何通过它所表现出的遗弃才能达成。尤尔根·莫尔特曼写道，灵性之爱即是"去爱那些非存在的，不相似的，不值得的，无价值的，失去的，短暂的以及死去的东西"。[2] 正如弗洛伊德所说的怪怖者（the uncanny）一样，这种令人嫌恶的存在总是既陌生又熟悉。为了接受它，恐惧就必须被转为怜悯。在亲密与异在性（otherness）的相互作用中，我们需要修正对于悲剧的两种亚里士多德式的标准反应，并且要对我们所惧怕的东西感到同情。在想象界中，他者既是一个对手，同时又是密友，在其深刻的怪异性中来感受它，如此一来想象界就能够被转入一种更为丰饶的差异性与同一性的交错当中，而此时也就越入了实在界。

在隐喻的或者替代性的替罪行为中，共同体从受害者的虚弱中获得力量；而在换喻模式中，其力量在于坦诚自己的

---

1 Giorgio Agamben, *Language and Death* (Minneapolis, MN, and Oxford, 1991), p. 105.

2 Jürgen Moltmann, *Theology of Hope* (London, 1967), p. 32.

弱点，承认替罪羊所承载的是自己的罪孽。通过这种对待野兽的方式，象征就被根植在实在界之中，将社会秩序奠基于其所受到的毁灭威胁之上。于是，替罪的换喻行为所背负的口号就不是"这是我们，而又不是我们"，而是"这是比我之所是更真实的我（I），在我之中超出我（me）"。从传统上看，以这种方式被人类主体所诉求的不仅仅是替罪羊，还有神。151在上帝神圣可怖的异在之镜中，主体能够瞥见其自身的某种无限，而与此同时，在法耳玛科斯之镜中，主体能够抓住的则是他们自身的虚无形象。然而，无与无限之间的密切联系正是崇高的一个常见特征，一方面它使我们上升到令人目眩的高度，但另一方面也以其自身的无边性作为背景而凸显了我们的渺小，使我们堕入不见底的深渊。这就是替罪羊所承载的双重真实，一幅生动的无力图像，因此它才能够佐证一种救赎的力量。就像需要悲剧艺术那样，只有通过非存在丰富而有效的解体，才能唤回那些不受有限性束缚的力量。

从精神分析的视角看，否认的行为既是拒绝，又是持存，对于替罪羊来说也是如此。城邦也许很渴望将这头野兽逐出城门，但同时也贪恋它身上怪怖的力量，于是就将它推向政治自由的边界，推向暧昧不清的致死境遇与生命奉献，以此来榨干它的全部效用。真正神圣的，就是那些危险的、被遗弃的、失落的、救赎的、受诅咒的、被放逐的、圣洁的、被转化的以及那些不洁的东西。由此一来，替罪羊这一概念就试图承担这样一个事实，即人类创造力和他们挥霍浪费的欲望紧密地纠缠在一起。因此，一个人必须在神圣的恐怖面前遮住自己的双眼，同时还要利用它不可思议的修复之力。在巴迪欧式的事件中，雅典的统治者忒修斯将声名狼藉的俄狄浦斯引向城邦中心，危害到了他的人民的福祉，他相信这种大胆的好客行为会产生一种强大的力量。将一个人性的废墟与残破的化身引入城邦，这就需要冒着某种普遍亵渎的风险；但只要有足够的勇气这样做，所能换来的回报就是某种奇迹般的重生。在《俄狄浦斯在科罗诺斯》中，那位目盲的自我流放者哭诉道："我来这里是为了给你们一件礼物——我备受折磨的身躯——一幅令人伤心的景象，但是这其中的价值却比单纯的美要更甚。"让-皮埃尔·韦尔南写道："俄狄浦斯的过分污秽才使他有资格成为雅典的守护英雄。"[1]因此，怪物俄狄浦斯于是就成了神圣俄狄浦斯。合唱团于是高唱道："必有神让他复活！"

当替罪羊成为这样一种双重面孔的生命之时，济慈那句著名的格言就被证伪了：丑陋的才是真，而美不是。[2]替罪羊是被排斥的，这实际上揭示了人类处境的恐怖，但是通过这

1　Vernant and Vidal-Naquet, *Myth and Tragedy in Ancient Greece*, p. 106.
2　指济慈《希腊古瓮颂》中的诗句："美即是真，真即是美。"——译者注

种排斥，一种伟大的道德壮举才得以诞生。玛丽·道格拉斯写道，在非洲部落中，"在世俗生活中被视为令人厌恶的杂种怪物，被新加入者虔诚地吃掉，并且视之为强大繁殖力的来源……那些被拒斥的，同时也是一种再投入，旨在一种生命的重生"。[1]以同样的脉络，圣保罗在《哥林多前书》中写道："神却拣选了世上愚拙的，叫有智慧的羞愧；又拣选了世上软弱的，叫那强壮的羞愧。神也拣选了世上卑贱的，被人厌恶的，以及那无有的，为要废掉那有的。"（《哥林多前书》1：27-28）这种纯粹的否定性将会挫败这世界中的掌权者，即使就在当下，保罗也补充道他们"将要败亡"（are coming to nothing）。[2]事实上，圣保罗的一切说辞都可以被读作对于虚弱和力量之间矛盾的调和——关于耶和华，欢愉之主，如何拉低理论家和空想家们的明智而去提升那些"为基督的缘故算是愚拙的"，那些被视为"世界上的污秽，万物中的渣滓"的人（《哥林多前书》4：13）。正如在传统的牺牲行为中那样，世界正经历着从虚弱到强大的关键性过渡——在这条道路上，虚弱者的神圣、自我矛盾、受诅咒并被祝福着的状态都是世

153

1　Mary Douglas, *Purity and Danger* (London and New York, 1966), p. 168.

2　出自《哥林多前书》（2：6）："然而，在完全的人中，我们也讲智慧。但不是这世上的智慧，也不是这世上有权有位、将要败亡之人（who are coming to nothing）的智慧。"——译者注

界转型的征兆。

这一转型的基督教版本是以圣餐为核心的。通过仪式所表现的死而复生同时也是新的友爱形式的基础。圣餐是一场爱的盛宴，却是以象征性地消耗掉一个被污染的躯体为基础的。通过参与某一赤贫之物从衰竭到勃发的转化过程，圣餐就成了一种团结行为，这种友爱关系也就因此是根植于一种怪诞畸形的形式当中的。一些卑贱的零碎之物被捏合起来而又被分食。实在界的创伤性内核由此被插入了象征秩序之中，并进而去重塑它。[1]那些被斥为不洁的必将被再次投入而使得人类生命得以重生。被驱逐者的非存在性便成了新的共同体形式的基石。与牺牲有关的暴力就不再是在社会秩序建立伊始的那种暴力，而是对于耶稣这样呼吁另一种人类团结概念的大声疾呼者的侵害。为了纪念由死到生的革命性的逾越节，圣餐回到了最初罪行的起点，将拯救事件带到当下，那是对于一个被解放了的未来的承诺。

世俗时间由此而被颠覆，而这正是神圣观念的核心所在。正如埃德蒙·利奇在讨论前现代文化时候所说的，社会存在在

---

1 然而可能可以将圣餐看作拉康想象界、象征界和实在界三者的结合。当圣餐处于实在界，它又同时是同一性的"想象"交换，共同体中的每一员都将其自身奉献到面包和酒的供奉品之中，并且在同一媒介之中获得他人。这同样也是象征秩序。参见 Terry Eagleton, *Trouble with Strangers: A Study of Ethics* (Oxford, 2009), pp. 195–196 and 323。

此时还呈现出非连续的状态:"通过插入阈限区间之中,神圣的无时间就插入了一般世俗时间那连续性的径流。"[1]为了纪念 154
基督之死,圣餐打破了历史的统一体,通过将过去、现在和
未来凝缩为一个独一的纪念性图像或者辩证意象,历史得以
短暂地停顿,使得时间悬停。正如本雅明的"历史的天使",
它将目光转向一个致命的过往,这是一种具有革命性的纪念
行动,并以此才得以凭借创伤的转化力量将其推向未来。由
此一来,虽死犹生的离奇力量才得以承担起生者的死亡境遇。
正如弗洛伊德警示我们的,那些不能真正记忆的人就注定要
堕入永劫往复,就像仪式性牺牲的强迫性重复一样。

＊　＊　＊

在古典时代,法耳玛科斯通常是人类——一个囚犯或
者一个背运的公民,被雇佣、安置、给以报酬让其参与某些
净化仪式。不过,出现在《利未记》中最原初的替罪羊则是
某种动物,它赤裸裸的非人地位可以被视为道德上野蛮的代
表。作为一个在生死之间徘徊未定的形象,它让人想起了吉
奥乔·阿甘本笔下冷血的"Muselmann",集中营里的受害者
所经受的存在是一种活生生的死亡,用普里莫·莱维的话来

1　Edmund Leach, *Culture and Communication* (Cambridge, 1976), p. 83.

说，这是真实世界的一个令人悚然的象征，是对于戈耳工[1]面孔的直视。就像古代的替罪羊一样，"Muselmann"残破的人性就是他们的压迫者所犯之罪的鲜明写照。纳粹主义的核心处有着一种虽生犹死。[2]根据希特勒的医生的说法，希特勒在他生命的最后几天就像是一具毫无生气的尸体。同样的形象还有老福安（Fouan），他是埃米尔·左拉《大地》中贪得无厌的农民，最终几乎堕落到完全动物性的状态。阿甘本写道，"Muselmann"即人性自身被要求探索的维度。他就像是俄狄浦斯和李尔王那样的人类，他们在人类中幸存为人类。[3]然而同样的，阿甘本想要主张的是，人类就是如此。

"Muselmann"所缺乏的是古代替罪羊所具有的救赎能力。力量的恐惧在此并没有被恐惧的力量所抵消。这里有死亡发生，却没有复活。这个被蹂躏的生物甚至都谈不上是悲剧的，至少古典意义上的一名主角是被其死亡提升到崇高的地位。与这种情况正好相反的是，我们现在已经进入了贝克特式的后悲剧领域，在其中，认为痛苦会具有某种意义的看法既可笑又污秽。这个世界中那些破碎的、被挖掘出来的诸

---

1 戈耳工（Gorgon），希腊神话中的蛇发女妖，一般人们熟知的美杜莎是其中最小的一只。传说中直视美杜莎的眼睛就会变成石头。——译者注

2 参看 Terry Eagleton, *On Evil* (New Haven, CT, and London, 2010), chapter 2。

3 Giorgio Agamben, *Remnants of Auschwitz* (New York, 1999), p. 63.

多主题甚至都不再具有某种程度上的意义，它们甚至都不配被悲剧所拣选。能动性自身已经远远超出它们所能及。然而即便如此，在这些被遗弃的形象上，还是能够瞥见某种可怖的价值。如果说"Muselmann"是权力之恶意的化身，那么他同时也代表了权力的末路——这不仅仅是因为从这个意义上说，任何欲以此种形态施展的权力都会遭遇精神上的破产，而且对于那些对权威坚决无视的人来说，这样的权力也无法凌驾于他们之上。那些已然跌至谷底的人会令人惊奇地坚不可摧。你无法杀死死人。维吉尔笔下的埃涅阿斯嘶吼道："没有什么能拯救被征服者，除非他们现在认识到自己是无可拯救的。"他以此激励自己的战士继续战斗，哪怕特洛伊注定覆灭。神圣人已死于自身，因此其既不能被掠夺，又无法被嘲讽，既不能被蔑视，又无法被羞辱，既不能被侵犯，又无法被欺凌。这一乞丐之躯如此就充满了某些不可侵犯的东西，如国王一般。这是一种零度的人，其赤贫代表了一种悚然，156是对于统治形象的凌厉反讽。因为他对现状没有任何寄托，也没有任何可以失去的东西，这就是为什么他们自然地散发着神圣力量所特有的危险灵韵。一个有力的暴君必须要征服他的受害者，但当受害者不再给予主动的屈服时，暴君就错失了他的着力点。权力寻求认可，否则就会被极度削弱。当然，"Muselmann"并不打算挑战权力，但它并不比异见者更愿意接受权力。于是使其获得自由的正是权力本身。从这个意义上说，非人既是受诅咒的，又是受祝福的。

"Muselmann"为人们提供了一个属于他们自己的非人性化图像，没有忏悔也就不可能得到救赎。作为深不可测的人性邪恶本性的符号，他同时也指明了对此的治疗方法也必须尽可能地深入骨髓。这也是被诅咒亦被奇迹般祝福的形象所具有的诸多意义之一。同时他也是一个纯粹而朴素的人性符号，是莎士比亚《李尔王》中可怜的两足动物，被剥去所有高雅的文化外饰之后，看起来便令人悚然。因此，"Muselmann"又是一个回忆载体，任何政治转型计划想要稳固建立都必须以此为基础。这失去元气的集中营生物代表了这样一个悖论，即当我们被夺去文化遗产，被贬斥为赤裸生命的时刻，既是我们最非人的时刻，又是我们最能够成为人的时刻；之所以说此刻我们最为是人，是因为那些被夺去文化身份的人对其同胞没有诉求，却有着全人类或者普遍意义上的诉求。如果说"Muselmann"就是人类最深切的原型，那么这不仅仅是因为就精神分析思想来说人类主体自身只能通过与死亡—交易之真实遭遇的创伤性体验才能浮现，而是说这就是一种剥夺自身本质的行为。这也就是说，我们都是在已然发生的死亡中幸存下来的——这就是"Muselmann"的处境，他是又一个幸存下来的人，他的身体继续活生生地将故事讲述下去，而

157

这就是人性的范型。神圣人于是就是一个没有本质的人，正是在这种对尚未被文化锚定的神圣人的绝对化中，人的共同本质才被建立起来，并且比所有的差异性都要深刻。这里还有另一层意义，即这个人想要唤起同情，则其自身必须是非人的。只有一种非人性的爱（也就是说政治的或者制度上的）可以修复这场灾难，这种爱不是建立在感情而是建立在实践上，不是建立在朋友身上而是建立在陌生人身上，不是建立在象征之上而是建立在现实之上。

目盲赤贫的俄狄浦斯喊道："难道只有当我不再是一个人的时候，我才是一个人吗？""Muselmann"，寄居在地狱般地方的存在，环境的严酷程度要凌驾于古希腊人所知的阿忒[1]之上，其就是非人性化的符号，这绝不仅仅只是因为他是残酷行径的受害者。他也是在体现我们都在面对人性的丧失。赤裸生命某种程度上意味着任何人类存在都部分地由其能力被剥夺而建构起来。最激进的平等形式即是我们共同的杀伤力。瓦尔特·本雅明写道："易毁性是让万物和谐链接的纽带。"[2]作为潜在的神圣人，我们对于政治谋杀的共同敏感性构成一条强有力的平等主义纽带。也许正是基于这个恶魔般的真相，

---

1 阿忒（ate），古希腊神话中诱惑神或人发狂及失去理智的女神，被称为毁灭女神，其名字有"毁灭"与"妄想"之意。——译者注

2 Walter Benjamin, *Understanding Brecht* (London, 1973), p. 57.

而非天使般的乌托邦之梦，我们才能建立起一个超乎想象的共同体。这是一种积极的去分化的形式，即承认诸个体在面向死亡与政治的脆弱性上是相似的，而这又必须要与那种对个体差异的极度蔑视区分开来。

　　因此，某种丧失人性的能力是人性永恒的组成部分。实际上，这也是人性终极的可能性所在。事实是，人类的存在可以被视为价值载体，进而可以被剥削——这并不是说当人们被当作废物对待的时候就不再是人了，而是说他们的存在可能不再具有意义。能够去人性化，这是人类这一物种的一个特别之处，而在这个意义上，"Muselmann"就是人类的某种原型。这不仅仅是因为在他的去人性化中仍然保有人性，而是正如我们所见，他正是在这种被摧毁的处境中才最为是人。阿甘本写道："人类是非人性的，只有当一个人的人性被彻底摧毁的时候，他才是一个真正的人。"[1]在死亡中，这就是一个平白的事实。人们正是由于能够反思自己的有死性才区别于其他动物，但这同时也加深了他们对自己动物性的感知，这使得他们相比于其他野兽要更接近动物，而非相反。[2]不过，

1　Agamben, *Remnants of Auschwitz*, p. 33.

2　对这些问题的反思可参看 Eric L. Santner, 'Miracles Happen', in S. Žižek, E. Santner and K. Reinhardt (eds.), *The Neighbour: Three Inquiries in Political Theology* (Chicago, IL, 2005)。

正是由于非人动物无法摆脱其动物身份，这样的一种剥离就成了人类冲动和欲望的本性，这与本能上的单纯生物性相违背。在弗洛伊德那里，冲动反映了我们对于自身动物存在性的脱轨，而欲望就意味着对于这种动物存在性的巨大破坏，剧烈地动摇它以致失衡。

在其他一些意义上，"Muselmann"的非人性也呈现为人类的一个指标。因此，他不仅呈现了一种该物种本有的野蛮性，同时也说明了人类何以是一个物质性实在，由此便代表了一种高尚的文化理性主义的毁灭。人的主体是由物质性材料、"无人性"或者"非人性"的现象（存在、自然、语言、欲望、死欲、血缘、经济、机构、规章制度、肉身的物质性等等）所铸成的，但这并不是说人类就可以被还原为这些要素。只有承认人类存在的那些匿名的物质性基础，人类才有希望超越它。不过，阿甘本在《奥斯维辛的剩余》中所说的"人类自身带有非人的印记"，这一表述也有更阴暗的意义。[1] 从某种意义上说，任何人，包括那些之后可能沦为"Muselmann"的人都有能力消灭其他任何人，这一点也是毋庸置疑的。而这也是我们承担有死性的方式之一。

以一个道德能动者的身份去死，"Muselmann"于是也就

<hr>

1 Agamben, *Remnants of Auschwitz*, p. 77.

以人类有机体的名义而活。他本身并不是一个有道德的存在，而只是表意他人。然而，他的生存既有积极的一面，又有消极的一面。这一被抽空的生命所失去的不仅仅是爱的权力、感觉和合目的的行动，而且还有将自己所受施于他人的能力。他不会以暴制暴，就他而言这无关价值而只关涉事实。作为一个已经超越了伦理域界的人，他在这个意义上是无可指摘的，而这使得他更像是古代的替罪羊。倘若他因为自己人性的毁损而被诅咒，那么他在这方面也同样是被祝福的。没有权力的人就无法被致残和滥用，正如一贫如洗的人也就无从承担那些因身负重债而犯的罪过。从这个意义上说，被压迫者和被剥削者会被认定为社会的或者客观上的无辜，而非个人或者主观上的无辜。当然，他们同时也是有罪的无辜者，这样的罪并非全然是他们的过错，但他们还是成了这些罪最鲜明的象征。

对于基督教信仰来说，上帝根本上存在于被剥夺的人之中。被剥夺者人性的失落反映了上帝自身非人的异在性，同时也反映了他令人悚然的无条件之爱的非人本性。穷人是耶和华的标志，事实上他们已然被所有人类权力抛弃，只能依赖耶和华。然而，如果说他们是其王国的负面形象，那么这也是因为他们的存在意味着在政治上仍然有事可做以建成他们的国。他们是历史上那些未竟事业的标志，从这个意义上，

160

也佐证了我们必须继续致力之事。对未来来说，唯一真的形象就是当下的失败，通过界定出社会失序的界限，被排斥与被拒绝者划定出了其必须不断超越自身的边界，只有这样，被浪费的剩余才能成为超越的剩余。在某种意义上，从基督教到马克思主义的过渡某种程度上说就是基于这样一种视角，即从穷人预示未来到相信他们是达成未来的主要途径。

* * *

维多利亚时代的人永远无法确定孩子到底是天使还是魔鬼，是堕落的生物还是撒旦之子。浪漫主义和福音派为了这些两栖生物而争执不休，这类生物与我们既异质又亲近。如果说孩子身上有什么让我们不安的地方，比如说向某些恐怖电影里表现的那样，这就是由于他们是离奇的，既像他们的长辈，同时又与之完全不同，像一个寄居在全然不同领域中的微型成年人。如果以这种方式给小孩子打上替罪羊般暧昧的烙印，那么他们也就实现了替罪羊的某些功能。例如在狄更斯的小说中，儿童常常被充分地塑造成有罪的无辜者或者（用托马斯·曼的话来说）神圣的罪人，以受害者的身份生动地聚焦了整个压迫秩序。比如《荒凉山庄》和《远大前程》，这些小说中就有这样一种观念，在这个不负责任的社会中，所有成年人都变成了被残忍遗弃的孤儿。多萝西·范·根特就 161

曾提及狄更斯式的孩子：

> 不仅必须对现在和将来发生的事情负责，也要为过去发生的事情负责，因为过去是现在和将来不可分割的一部分。孩子就是有罪的，正因为如此，他才能够救赎他的世界。[1]

站在传统社会的边界之上的孩子既身处文明社会之中，但又不是真实的参与者，因此就容易吸引来自统治秩序的诽谤与攻击。在狄更斯的作品中充斥着幼稚的成人和早熟的孩子，而他们就是阈限上的生物，就像法耳玛科斯一样，天真但又不幸，脱俗而又被悲哀所铭刻。这一点和威廉·布莱克笔下的孩子很像，对他来说孩子们要么是恶魔，要么就是完美受害者。

在维多利亚时代，女性也往往很难区别于孩子，她们同时也扮演着替罪者式的角色，纯洁而又罪孽深重。和孩子一样，她们代表了自然本身的暧昧性，既是抚慰精神的纤纤细手，又是血腥饕餮的青面獠牙，是卢梭与达尔文一体。妇

---

1 Dorothy Van Ghent, *The English Novel: Form and Function* (New York, 1953), p. 136.

女的角色往往被视为普遍的社会错行的化身，而这正是哥特小说的重心所在。然而，从考迪利娅（Cordelia）和米兰达（Miranda）到克拉丽莎·哈洛威和克拉丽莎·达洛维（Clarissa Dalloway），[1] 她们显示了女性形象也可以具有一种神秘的救赎力量，而对于孩子来说这一力量就不甚明显了。如果说替罪羊既有毒又治愈，既是腐坏的在场同时又是其自身发生转化的能动者，那么孩子就与范·根特的论述正好相反，更多的是问题之所在，而不是问题解决的征兆。无可责怪使其在不知不觉中形成了对于野蛮社会的控诉，但同时这也使其无法把握暴力的源头，因此也就不知道如何才能改变这一切。

* * *

因为替罪羊背负着太多人的罪恶了，于是它就成为一种杂糅的、混合的野兽，如此一来也就成了一种怪物。这种怪物在传统上是一种拼合而成的生物，就像斯芬克斯一样，由彼此异质性的碎片杂合而成。面对这种怪异的杂糅体，就像人类之身一样，想要回到"这是什么？"这一简单的问题就不太可能了，这正是斯芬克斯之谜所要呈现的要点。它的多样

---

1 分别为莎士比亚的《李尔王》、理查森的《克拉丽莎》与伍尔芙《达洛卫夫人》中的女主角。——译者注

性既是由于它的不洁，又是由于它的怪诞；但是同时这种畸形也可以被视为一种美德，说这是美德是因为一个单一的生物融合了人的智能与狮子的力量。因此，力量与不洁又以如此怪异的方式切近在了一起。替罪羊背负的罪孽是如此的多样，因此两者的切近之处还在于，替罪羊身上杂糅的东西越是繁多，它的救世力量就越是无所不包。任何有能力拯救这种复杂处境的生物都需要彻底地进行混组。作为一只斑驳的野兽，怪物将那些本来应当被清晰区分的特征混合了起来，以一种冒犯社会秩序和美学对称的方式将它们置放到了一起。它让区分混淆，让等级制度动摇。因此，它隐隐地显现为一种可怕的狂欢版本，与此同时这也正是异教、自我分裂以及混种的人类形象。它是一种极限状态的具身化，而在前现代时期，极限状态被认为是极度危险的状态。

163　　俄狄浦斯王沉思着这些合一与多元的悖论，这些谜题在乱伦问题上达到了高潮。乱伦是这样一种情形，即诸多不同的角色被非法地合并在了一起，而其中那些至关重要的区隔也被腐蚀了。就像斯芬克斯之谜所表现的那样，乱伦可以将不同的代际合为一体。用马尔科姆·布尔的术语来说，乱伦与弑君都是所谓的"区隔消解"（difference-dissolving）。乱伦是人类特有的畸形状态，即将那些本应该被作为他者对待的东西视为亲密无间之物——这一俄狄浦斯所遭遇的情形最终会导致你成为自身的陌生人，消除了作为本真自我之条件的异在性。正因如此，这种可怖的反常让人类的处境赤裸裸地呈现了出来，在这种情形下，我们自身对自己来说就完全成谜，我们存在的核心处承担着一个可怖的真实，就像上帝之于奥古斯丁和阿奎那一样，这一可怖的真实比我们之于自身更接近我们自己。如此一来，在这种切近而又怪异的交错之中，乱伦就与替罪羊有着亲和性。乱伦和畸形将最为关键的区分投入无序当中，由此形成了一种对于象征秩序的狂欢式嘲讽。然而，与此同时，它们也可以被看作秩序本身的一幅图像，一旦这种秩序不再被视为诸角色各归其位的稳定系统，而是一个大他者系统的不完全文本——就像是由各种动机、行动、效果和身份纠缠在一起的一团乱麻，就永远不能被条分缕析地解开。

由于含混不清和一概而论都是爱欲的本性，所以它完全无视等级、性别或种族的分异，而由于乱伦所代表的反常又是任何一种充分有效运转的象征秩序所依据的根本可能性所在，因此它就像一个特定的怪物被安置在城邦最核心的地方。各个社会角色能够准确无误地组合在一起，其条件就在于它们总是能够被错置。因此，偏差在相当程度上是标准的产物，就像犯罪总是法律的产物一样。正是通过认识到象征的核心是此种真实，俄狄浦斯才得以被救赎，而这一真实又是一个无

164

法解开的个人同一性之谜。他必须承认，在错综复杂的大他者之网或社会无意识中，没有人能够确切地说他的行为或自我就是属于他自己的，而这一情境有一个古老的名字，叫命运。

如果爱欲有某种内在的错置，那么死亡也有。同样的，死亡也一视同仁，对区分毫不尊敬。和欲望一样，它对一切都残酷无情地不分青红皂白。无论是纵欲还是种族灭绝行为，它们对于人类姿态各异的躯体都同样地等闲视之。无视成败概率几何，死亡与政治颠覆总是形影不离。死亡还能让我们从永恒的视角审视任何具体的社会制度，从而揭露其专制主义的虚荣。在这种意义上，试图预测一个人的死亡就会对统治秩序造成威胁。死亡与畸形都倾向于揭露社会形式暂时性的本性。马克思主义与基督教教义在这一方面就实践了一种反讽形式，既致力于其现实效果，又在其消逝之中把握它。玛丽·道格拉斯曾写到过那些拥抱畸形和杂合体的非洲宗教："通过仪式的神秘性，（参与者）认识到了这些范畴中偶然的和固有的本性，他们的经验就灌铸于其中。"[1] 就像这个怪物是一盘残羹冷炙的大杂烩一样，与它的遭遇可能会繁衍出一种别样的可能性观念，凸显出社会正统的专横本性，同时也明示出其影响力的局限性。将这种对于其他可能性的认识从

1　Douglas, *Purity and Danger*, p. 168.

幼稚的后现代选择性崇拜与灵魂的超级市场之中区别出来的，就是它所具有的悲剧性结构。与怪物的邂逅就是一个关于创伤、自我剥夺以及自我重建的问题——以某种神学术语说，也就是关于悔过与信仰的转变。

　　和后现代主义者的看法相反，杂合体并不总是被称颂的。替罪羊这种混合体在本性上更多的还是魔鬼而非天使。后现代主义颂扬杂合体，然而却倾向于抹去它的恐怖。这种看法没有认识到存在着令人反感的多元化形式（比如说某种法西斯主义国家的多元化）以及有害的侵犯，同样的，在某些情形下，对于团结一致的诉求要更甚于对异质性的诉求。无论是南非的种族隔离还是新斯大林主义的官僚制度，只通过颂扬差异性是无法让它们屈服的。还有其他的区隔需要被强化而非抹除（比如种族主义与非种族主义之间的区隔）。某些难以描述的暴力需要一些不容置喙的区隔来扼住喉咙。当杂合体被压制到无法辨别的混淆程度，其结果就会是灾难性的，比如在酒神式的神圣恐惧中就是如此。在马克思眼中，资本主义就是这样一种畸形的存在形式，他既不吝称赞它，又不吝谴责它。资本主义是已知人类历史上最为杂乱的整体，硕大无朋而又扭曲畸形，是一种不同生命形式的怪异混合体，对所有的尺度和恰当的比例来说都是异在者。它持续不断地越界，这一方面令人振奋，而另一方面又令人警惕。而如果说斑驳之物不总是值得称颂的，那么所有的等级制也就并非都是要被蔑视为腐化的。一个个体如果连自身所处世界的某些特质都毫不珍惜，而只是觊觎他人所有，那么他的生命也就暗无天日。这里的关键点不在于要以某种极端左翼的狂热去抹平一切区隔，而是在于我们要在承认这些差异的不稳定性之时，还要继续坚持这些差异的必要性。而这同时也就涉及了某种具有反讽意味的生活模式。

166 　　这里的问题在于，如何在不把一切降为千篇一律的废物的情况下，还能够卸除秩序与阶级更为压抑的形式。如何才能防止杂糅性那富有创造力的形式滑入那些黏液、尘土、泥浆和沉积物般的社会存在中呢？它们就潜伏在狄更斯晚期的作品里。如何在一种珍贵的杂多和纯粹的无形之间划出一条界线呢？地狱有时候被描绘成一个绝对的自我同一之地，一个有着千篇一律的废物的地方。有这样一种悲剧艺术的脉络，即我们必须被拖拽着走过这片真实的荒漠，才能够认识到自己先前所坚守的价值尺度实际上是多么的随意而武断，从而对究竟什么才是值得珍惜的产生某种更为真切的看法。相反，犬儒主义者和虚无主义者则是这样一种人，他们将死亡纳入生命之中，让价值终结的远景破坏当前的价值真实性。从这个意义上说，这样的人就不同于那些仍然会在死亡中寄托某种价值而不是削弱其价值，他们仍然可以在死亡中发现一种平等主义的精神，由此就能够去质疑当下那些显得更为似是而非的金科玉律。而这才是最为恒久的平等主义，同样也是更为恒久的团结形式。就如同在身为法耳玛科斯的处境中一样，在死亡中人们能够发现某种亲缘性，并有契机根据这一事实的感召而重建城邦。

玛丽·道格拉斯的名作《洁净与危险》中，替罪羊或怪物在前现代文化中的角色是由肮脏物来扮演的，这种肮脏物本质上是一种错位的物质形式。在道格拉斯的视角中，肮脏物是一种异常的或者暧昧的存在，是一种对于清晰分类的模糊，这关涉一种"对于秩序与无序、形式与无形、生命与死亡的反思"。[1]它指出了社会制度在本性上是偶然的，同时它也可以被视为代表了那些完全不享有特权的人们。哪里有肮脏之物哪里就有制度存在，因为肮脏物就是制度所产生的废物。无论如何，道格拉斯研究的有效性就在于，她没有把体系及其冗余之物简单地设定为对立的两极。因此，这种视角也就避免了后结构主义的一大错误，在德里达的晚期著作中这一错误体现得尤为明显，即制度、规范、律法、学说、纲领、习俗、机制和共识都被潜在地妖魔化了，而但凡不能被纳入这些分类中的就会被不加区分地颂扬。在我们的时代，这已经

1　Douglas, *Purity and Danger*, p. 6.

成为某种典型的法式智识恶习，这一缺陷在阿兰·巴迪欧和雅克·朗西埃那里都能找到，前者在一些地方暗示了存在与虚无之间的对立，而后者则将政治与治安截然区分。在吉尔·德勒兹和菲利克斯·加塔利的书写中到处都弥漫着这种二元性。对于这些在1968年的浪潮中感到幻灭的写作者来说，美德只能在政治制度的边缘和夹缝中才能找到——在使得政治制度暂时停摆的力量中，或以一种事件形式奇迹般地爆破它的压抑逻辑。在他们所默认的最坏的情形中，不可能有积极的制度，那么也就不可能有非法的越界行为。零碎的异见才是被完美组织起来的抵抗。"边缘"于是就成了事实上的认同，哪怕这一范畴既可以包括新纳粹分子，又可以包括玫瑰十字会[1]成员。它诋毁日常存在中的受管制的、习俗化的层面——对于那些本就遗世独立的知识分子们来说，有这种诋毁也并不令人惊讶。这代表了一种新教式的世俗视角，即割裂恩典与自然。

虽然道格拉斯属于保守罗马天主教传统，但她没有犯这样的错误。事实上，天主教信仰所给予她的优势在于，她能够时刻意识到社会存在是具有不可根除的制度性的。如果说落在某一政体之外的废物是神圣的表现，那么当然创造这一

1　17世纪在德国创立的一个秘密会社，托称为15世纪的罗森克洛兹所创。自称拥有自古传下来的神秘学知识，对哲学、科学和神秘主义学说采取折中态度。——译者注

社会秩序的力量也就是神圣的。就像吉奥乔·阿甘本所强调
的：“律法与违法之徒都是神圣的。”[1] 蔑视律法的人由于他们
正面抗争律法的德行而成为神圣的。无序会破坏已有的模式，
用道格拉斯的话来说即是一种“创造性的无形式”，但同时无
序也为新的建构提供了相应的材料。因此，神圣是政治性的
双刃剑。它既维持又颠覆。这种暧昧性的负面版本就是《旧
约》中的撒旦这一形象。一方面，“撒旦”这个名字本身意味
着某种错误的、专制的社会秩序。作为黑暗王子，这一魔鬼
也是“统治者与权威”的象征，在《歌罗西书》中，保罗在
原则上认为是耶稣的复活才使其屈服。而另一方面，撒旦也
是一条名副其实的“混乱之龙”，是虚无主义的起源与纯粹徒
劳的源泉，它又与秩序和意义的观念相抵触。

在道格拉斯看来，潜伏在社会制度边缘的危险力量既能
更新它，又能摧毁它。在社会秩序与其中的人类碎片之间存
在着一种丰富的辩证关系。斯拉沃热·齐泽克就提醒我们：“基
督教的核心处有一种破坏性的消极，它不会在混沌的虚无中
走向终结，而是会回归（并组织自身）进入一个新的秩序当
中。”[2] 勒内·基拉尔则将怪物或替罪羊说成是“分解而后重组

1　Agamben, *Language and Death*, p. 105.
2　Slavoj Žižek, *Living in the End Times* (London, 2010), p. 116.

的结果"。[1] 这一怪物消解了既成秩序，但由此一来也就为重建秩序扫清了道路。它之所以是神圣的，就是因为它潜伏在社会秩序的边缘，但同时也是因为它蕴含着改造社会的能力。实际上，从某种意义上看，排斥这一野蛮野兽的行为本身就是神圣的，因为它是共同体重建的始基。它象征着使世界得以形成的原始牺牲。与此同时，被这一原初行为禁绝在外的东西也就具有不可估量的丰饶之力。"神圣"这个词的模糊性实际上标识出了解决这一矛盾的意图。

茱莉亚·克里斯蒂娃在《恐怖的权力》中评论玛丽·道格拉斯的作品对于问题的处理是典型的失败表现。[2] 克里斯蒂娃以一种预设的后结构主义风格，仅仅从排斥的角度来理解肮脏物，而没有把它视为变革的力量所在。如此一来，秩序的观念就只是受到了含蓄的贬低，而与此同时无政府主义和破坏的力量却得到了不加批判的肯定。然而，一个人不能仅仅因为感情用事地拥抱一个碰巧反对建制的东西就能够颠覆建制。社会秩序能够培育和保护人的生命，同时也会扼杀和压抑它，而后结构主义一般来说不想承认这个真相。这也很难与雅克·朗西埃的看法相符，后者轻率地将支撑社会存在的事业简

1　René Girard, *The Scapegoat* (Baltimore, MD, 1986), p. 33.

2　参看 Julia Kristeva, *Powers of Horror* (New York, 1982), pp. 65–66。

化为"治安的政治"。[1] 在所有这些程式化的表达中，神圣那惊人的暧昧性就这样被忽视了。此外，克里斯蒂娃出于对污秽与混乱在理智上的偏好而把这样一个事实抛在一边，即有些令人憎恶之事（比如强奸、恋童等此类行为），如有必要时需从任何人类系统中强制驱除出去。并非所有的包容都是天使般的。排斥性本身也可以是一种美德。

马尔科姆·布尔的论点与道格拉斯的极为相似，前者坚持启示录思想在很多重要的方面与宗教性牺牲并不一致。在布尔看来，牺牲重复着对社会中污泥般的存在或者无法区分之物的排斥，而启示录则以一种新秩序的涌现而容纳了那些已经被放逐的东西，之前的秩序与之相比只会显得更狭隘。布尔评论道："启示录文本经常描绘这样一个过程，在其中无法区分的混沌就是新秩序的序曲。"[2] 我们会想到叶芝笔下的野兽，它之所以令人恐惧，是因为它是当前历史周期暴力崩溃的征兆，但它也是作为一个新的英雄纪元的先兆而被迎接的。因此，启示录的末日同时混合着末世论的希望。一个政权崩溃时的混沌也就是它的后续者诞生的基本征兆。

那么要如何应对无序之力呢？可以强制地消除这些异常

1　参考 Jacques Rancière, *Aux bords du politique* (Paris, 1998), p. 38。

2　Malcolm Bull, *Seeing Things Hidden* (London, 1999), p. 79.

现象，就像在欧里庇得斯《酒神的伴侣》中彭透斯试图对狄奥尼索斯所作的那种毁灭之举；也可以通过在城邦中给予其一个荣耀的位置来包容这种颠覆性力量。埃斯库罗斯笔下的复仇女神以及索福克勒斯笔下的俄狄浦斯虽然是外来人，但还是成了城中的居民，他们的破坏力（死欲）于是就被升华并被制度化了，他们转身向外保护着城邦，并如此被压制成了服务于爱欲的力量，成为城邦的建设者。正如基拉尔所评论的："所有犯罪分子当中最伟大的那个会被转化为社会栋梁。"[1]或者人们也可以承认，要将被抛弃的重新整合进来，这需要对现存结构进行深层次变革，而不是简单地翻新。这不仅仅是恢复活力和增强力量的问题。这更是一个关于拆解和重新创造的问题，因此也是对于替罪羊暧昧逻辑保持信念的问题。

* * *

如果构成社会秩序的力量是神圣的，而同时又是潜在的威胁，那么不奇怪，国王与乞丐之间具有一种神秘的、猜猜看游戏般的亲近性。在古代世界，法耳玛科斯因为它给城邦带来的价值而足以匹配某一尊贵的地位。[2]统治者的地位在某

1　Girard, *The Scapegoat*, p. 42.

2　参看 George Heyman, *The Power of Sacrifice* (Washington, DC, 2007), p. 133。

些方面又类似于被流放之人，而这就是为什么霍布斯在《利维坦》中将主权者写作一个被排斥在共同体之外的人。对于吉奥乔·阿甘本来说，主权者和神圣人这两种形象具有令人称奇的对称性。对于统治者来说，所有的男男女女都是潜在的神圣人，而对于所有其他人来说，神圣人又是一个能够被所有人施以权力的形象。在古典社会的社会与宗教思想中，君主与替罪羊之间的亲缘性是一个常见的主题。[1]当国王变成一个不受法律约束的暴君时，他就像是一头反社会的野兽。

有若干种不同的方式供我们想象这种结合。一方面，无论是国王还是乞丐都不能被充分地表征——前者超越了他近乎神的表象，而后者则因为他的微不足道而被淹没于表征的水平线之下。在社会边缘阴暗的无法之地，神与兽杂居杂交，它们都以截然不同的方式摆脱了政治权威。[2]对于基督教的道成肉身学说，上帝本身就是一个动物。主权者与神一样，凌驾于律法之上，同时也被压抑在律法之下。另一方面，作为一个被抽空了内在价值的世界中唯一的意义提供者，绝对权力不能在自身之外通过任何东西来确证自己的主权，因此它也总是处于自爆的风险当中。如此一来，它就变成了那些被

1 参看 Vernant and Vidal-Naquet, *Myth and Tragedy in Ancient Greece*, p. 103。

2 参看 Jacques Derrida, *The Beast and the Sovereign* (Chicago, IL, and London, 2009)。

它开膛破肚的人的镜像。克尔凯郭尔将这个无所不能的主体称为"无国之主"，他什么都不统治。[1] 相反，比如莎士比亚笔下的巴那丁，这种无法再堕落的人就获得了一种危险的自由，就像那些无法再上升的人所获得的支配地位一样。相比之下，那些飞得更高的人比那些飞得低的人要摔得更重，掀起的波澜也更为巨大，这就是为什么他们往往是悲剧主角的首选。

172　愚钝的国王总是与有智慧的愚人相随。如果君主是人神的混合体，那么替罪者就是人兽的罪恶混合体。统治者和乞丐都是无面目且匿名的生物——前者因其具有超个体的功能而被作为集体的代表；后者则被彻底剥夺了个人身份，而这又是政治共同体获得奠基的条件所在。

　　国王是一种愚人，这是因为精英总是受嫉妒与怨恨的对象，并且他们自己也往往被自己的特权蒙住了双眼。许多部落仪式中都有酋长被殴打甚至杀害的桥段。君主本就是替罪羊，而在部落文化中，非君主的替罪羊往往被用于为君主替罪。被钉在十字架上的耶稣是作为愚人的王，而《李尔王》中的愚人则将自己描述为"李尔王的影子"。如果愚人并非如其表现的这般愚蠢，而是更为明智，这是因为他意识到自己的愚蠢。通过将他的愚蠢提升为第二权力，自我嘲讽就成了

1　Søren Kierkegaard, *The Sickness Unto Death* (London, 1989), p. 100.

他的救赎。米尔恰·伊利亚德在他的《宗教思想史》中指出，有许多神话英雄都是畸形的、瘸腿的、贪婪的、独眼的、雌雄同体的、性变态的、弑妻的、变装者，诸如此类。这些弱点将强者和弱者联系在了一起。

君主和愚人都是情绪化的生物——是被允许进行娱乐和嬉戏的形象。君主可以因其卓越的地位而为所欲为，愚人则因他们无能而为所欲为。万有与无有都可以突破限制。从某种意义上说，愚人优于君主，因为他能够意识到自己的虚无而凭此获得同一性，从而就凌驾于那些自以为万有之人。作为整个共同体的象征性代表，这两种形象都能行影响与损毁之事：主权者具有他至高无上的权威，而愚人或乞丐则具有能传染的消极。他们也互为镜像，事实上一方表现出的弱点就衬托出了另一方的权威。从这个意义上说，卑微者无意中佐证了强者的力量。而与此相反，保罗在《哥林多前书》中则看到了穷人是批判权威的重要力量，而不是对权力的肯定："神却拣选了世上愚拙的，叫有智慧的羞愧；又拣选了世上软弱的，叫那强壮的羞愧。神也拣选了世上卑贱的，被人厌恶的，以及那无有的，为要废掉那有的。"（《哥林多前书》1：27–28）保罗承认，他自己的力量在于他的软弱，而这使得上帝的力量在他的身上更鲜明地显现。从这个方面看，弱者是神性最恰当的容器。相反，权力本身则带有脆弱的印记，

173

往往被偏执的焦虑和无情的恶意所削弱。如果"雅威的贫穷者"被厌恶的同时又被他们的主人们所鄙视,这是因为某种程度上他们在提醒主人自身的精神空洞。没有这些可鄙的生物,他们也就没有东西可以统治了,这样一来他们也就没有了权威。但是对那些已经被你贬损为渣滓的人颐指气使,这又有什么意义呢?

国王是哺育者,同时也是毁灭者,就像替罪羊是被污染者,同时又是救赎者。两者都是常被提及的含混物。就替罪羊而言,对这一疾病与无序的化身来说,考虑到这一野兽同样也为治愈这种糜烂情形提供了信实,那么一般的诅咒就已经无法和普遍的崇拜相区分了。相反,虽然人们对于酋长的尊重是社会稳定的基础,但对于其杀戮特权的憎恨也从未远去。如果律法如同君主一样是神圣的,这不仅仅是因为它关乎生命的给予和死亡的交易,它是不朽之暴力的源泉,而这正是社会存在的基石。律法本身就是一种替罪者,这一事实在某些方面解释了圣保罗对于律法的矛盾态度。

一个审慎的权威需要站在秩序之外的某个阿基米德点上,这样才能有效地监督它;但是就像《一报还一报》中的公爵一样,他同样也因此冒着与平民失去联系的风险,并也因此使自己陷入声名狼藉的境地里。越是保持冷静,可能就越意味着毁灭将临。因此有无数关于国王微服私访的寓言,在他要

174

调查的对象之中隐姓埋名，就像法律试图把自己放置在它所要判决的范畴之内。如果说真正的权力是用霸权统治而非用武力强制，那么未来的君主就必须时而与福斯塔夫嬉戏，正如君主也必须倾听弄臣之声。最后，理智必须征服感性，而律法必须勒住暴徒的脖颈；但是要做到这一点而又不掀起叛乱之火，他们就必须从内部渗透，就像敌营中的第五纵队[1]一样。

* * *

绝对权力是一种无政府主义。由于它不受任何东西的限制，因此它代表了犯罪的本质。对于弗洛伊德来说，对于秩序的强烈欲求暗地里与混乱是情投意合的。这样的权力不仅仅自身不受法律制约，而且还倾向于通过煽动政治叛乱来滋生这种无法无天，就像圣保罗认为正是法律在倔强地煽动犯罪。这种无政府主义于是反过来就牵动了威权主义的镇压，并且始终陷入这种停滞不前的辩证关系中。就像《一报还一报》中克劳迪奥强调的那样：“毫无节制地放纵，结果会使人失去自由”（第一幕第二场）。在同一部剧中，安吉洛

175

1　第二次世界大战前夕，西班牙叛军首领弗朗哥进攻马德里。相传在记者问他哪支纵队会先占领马德里时，他手下的司令回答说“第五纵队”，而实际上弗朗哥只有四个纵队。此后，“第五纵队”一般用来指代内奸。——译者注

（Angelo）就走向了反面，只是看了一眼女性迷人的面庞，就让他从一个冷冰冰的、没有激情的治理者变成了一个好色之徒。如果律法因为复仇的欲望而疯狂，就像一个披着牧师外衣的虚无主义者一般，那么欲望也在寻找其自身的阻碍。在这两种情况下，统治者和违法者之间保有一个秘密协议。而我们已经看到，某种层面上说，主权就是建国暴力的崇高版本。

因此，在维持国家的东西和围攻国家的东西之间存在一种隐秘的联盟。约瑟夫·康拉德在《密探》中写道："恐怖分子和警察是一丘之貉。"狄奥尼索斯既是法外之徒又是神祇，既是本我又是超我。黑格尔认为历史是英雄般的先驱者们的作品，这些人被迫去嘲弄他们时代的道德规范，而如此一来他们身上就被盖上了违法者的烙印。弗洛伊德也持有差不多相同的看法，费奥多尔·陀思妥耶夫斯基笔下的拉斯柯尔尼科夫也是如此。远见卓识与以身试法很难截然分开。英雄、罪犯和前卫艺术家可能寄居在同一个身体当中，比如巴尔扎克笔下的伏脱冷。这些角色在资产阶级社会中无法被截然区分开来，犯罪在这样的社会中亦是每日常态。在家里表现得正直的市民，在市场中则可能是一个无法无天的商人。

无论是国王还是法耳玛科斯，无论是被熔炼成俄狄浦斯的形象还是耶稣的形象，他们都在为了大众的集体福祉承担重任。两种形象都同时在律法之内，也超出律法之外。勒内·基拉尔写道:"就像俄狄浦斯一样,国王是强者同时又是儿子,是最亲民的内部人士,同时也是最为怪异的外来者;他是一个极端温柔而又极端凶残的典范。"[1]就像推喇奴的学房[2]所显示的一样,索福克勒斯的主人公是以其自己的权威统治,而非依靠正统继承,从这个意义上说,他就既内在也外在于城邦。实际上,在卡尔·施米特的经典著作《政治的神学》中,这就是所有统治权力的真实情况,其界定就在于适时地悬置法律,而这一决定本身并不在合法性的框架之中。[3]从这个观点来看,法律本身是外在于它自身的,它的至高权威与某种确切的富有创造力的无法无天是一致的。建立法律这一原始行为并不是隶属于其所生成的合法性权限之内。

无能为力和至高无上的权力也灌注在绝食抗议者与自杀式炸弹袭击者的身上,这些人通过显示自己的一无所有来行使某种神圣的力量。这是对上帝造物行为的一种反讽式倒置。就像陀思妥耶夫斯基《群魔》中的基里洛夫(Krillov)一样,他们准备通过自杀而成神。人类力量的巅峰就是将自己托付

---

1 Girard, *Violence and the Sacred*, p. 267.

2 推喇奴的学房(Tyrannus),典出《使徒行传》(19:8-9),内容是保罗在正式的会堂讲道三个月,仍有听众不信且当面诽谤,于是他就带着信徒来到推喇奴的学房,继续每天辩论。这段内容一般被认为是用来说明,神并不在意讲道的场所是否是正统的。——译者注

3 Carl Schmitt, *Political Theology: Four Chapters on the Concept of Sovereignty* (Chicago, IL, 2006).

给虚无的能力。自杀性爆炸者将牧师与祭品两种身份集于一身。他是殉道者颠倒的镜像，只为别人流血，而非在自己的事业中利用无辜之人的血。唯有湮灭自我的意志无法被至高无上的权威所湮灭，《密探》中那个疯狂的无政府主义教授就是这样的例子——一个在时间与永世之间走钢丝的人，永远绑缚着时刻准备引爆的炸弹——成了最深刻也是最疯狂的自由形式。无论你的存在如何耗尽，确保你死得尽可能悲惨也仍然总是可能的。那些过着默默无闻且毫不起眼生活的人可以通过排演一场关乎他们死亡的致命街头戏剧，以此让自己得以位列传奇事迹之中。

177　　替罪羊什么都不是，它只是用完即弃的非存在，也没有自己鲜明的特征，因此它才能很容易地进入普遍性之中。正因如此，它可以把自己呈现为一个与在一切主权所及之处与其相抗衡的对手。成为无物就是在任何具体的特征上都是无物，因此它才是潜在的万物。斯拉沃热·齐泽克写道："在爱中我什么都不是，但正是这种无物唤起了它自身，无物于是就悖论地通过对于自己匮乏的意识而变得富足。"[1]他也许还会补充道，承认自我是无物，这就超越了自我的自我实现幻觉，从而才得以向他人的真实敞开心扉。因此，爱可以跟随在某

1　转引自 I. Parker, *Slavoj Žižek: A Critical Introduction* (London, 2004), p. 150。

种隐喻性死亡身后。

让－皮埃尔·韦尔南就写道:"当人们像俄狄浦斯那样做出决断,去尽其一切所能探究自己之所是,发现自己如谜一般,没有一致性,没有任何自己能够掌控的领域,也没有固定的支点,没有确切的本质,在比肩于众神与形同虚无之间摇摆不定。"[1]就像从埃斯库罗斯到阿瑟·米勒笔下的一系列脆弱的悲剧主人公一样,俄狄浦斯拒绝在自我同一性的问题上妥协。在他对于真实执拗而狂热的认识论激情中——这种情形可以使任何悲剧主人公化为石头——他将自己的存在推向极限,这带来他自己的毁灭,同时他的人性也被剥夺。然而,也正是因此他才最终被神化。

万有与无有在崇高中汇流,其中怯懦的主体被击垮和碾压,主体有死性的极限异常凸显,然而又能面对这种境遇而不被毁灭,它狂喜地意识到自己所具有的那种深不可测、超出主体自身的力量。这是在一些悲剧艺术中反复出现的一种节奏,即强者被击落只是为了再次腾起,这一时刻就在他们充分意识到自己的匮乏之时。曾经因为太过于贫乏而不能表现的,如今因为太过于崇高也无法表现。甘地就曾说道:"我必会将属我自己的缩减为零。如果一个人不能以自己的自由

1　Vernant and Vidal-Naquet, *Myth and Tragedy in Ancient Greece,* p. 139.

意志将自己算作受造物中最末的，他也就无法得到救赎。"[1] 从这个意义上讲，崇高就是人类主体最恰当的认证，这样的主体是一种双重性生物，既是主权者又是奴隶，是万物同时也是无物。而这正是替罪羊所体现的双重性。在崇高中，正如在牺牲中，卑贱的客体被某种炼金术般的力量炼化成了一个无限的主体。乞丐就是被指定的国王，而自我的创伤性失落也因此得到了丰厚的补偿。

＊　＊　＊

如果说勒内·基拉尔将替罪羊视为社会团结的源泉，那么卡尔·马克思则将其视为一个革命的能动者：

> 一个阶级必须被组织于一条激进的链条上，它是一个处于市民社会中的阶级，而不是从属于市民社会的一部分。这样的一个阶级是对所有阶级的消解，是一个具有某种普遍特征的社会单位，因为它所经受的苦难是普遍的，对特殊的权利从不诉求，因为被强加于这一阶级之上的不是什么具体的错行，而是绝对的错行；这是一个不诉诸任

1　转引自 D. Dennis Hudson, 'Self-Sacrifice as Truth in India', in M. Cormack (ed.), *Sacrificing the Self* (Oxford, 2002), p. 132。

何传统的头衔，而是仅仅为人类而立的单位……最终，这样一个单位如果不解放所有其他单位也就无法解放自己，于是他就是要去解放他们；简单地说，这样的单位代表了人性全然的失落，并且只能通过全体性地救赎人类才能够自救。这种社会存在的解体以一个特殊的阶级形态出现，这就是无产阶级。[1]

这种"不是阶级的阶级"对于思想来说是一则流言，就像成谜难解的斯芬克斯一样。就像阿甘本的"Muselmann"，被剥夺了所有的具体性，因此除了作为人本身之外什么都不诉求。就像牺牲祭品一样，它指向一种通过失去人性而把握人性的行为。对于马克思来说，无产阶级（或者更确切地说，我们也许可以将其扩展到所有定位模糊的团体和阶级）是不可同化的要素，它偏离那些生成了它的逻辑，既是存在又是存在的消解，既是绊脚石又是基石，是具体的然而也是潜在的普遍性，是一副扑克中的鬼牌（joker）[2]，或者（用拉康的话说）是"不是部分的部分"，是文明之源却又在它的管制范围之外。"英特耐雄纳尔"（The Internationale）这个词——"我

1　Karl Marx, *An Introduction to the Critique of Hegel's 'Philosophy of Right'* (Cambridge, 1970), pp. 141–142.

2　指扑克中的两张小丑牌，一副牌中特殊的存在。——译者注

们曾一无所是，而我们将成为一切"——应该被理解为暗示了两种截然不同的处境之间的关系，这就是他们与那种白手起家的套路叙事截然不同之处。因为与富人相比，穷人在现状中的寄托更少，他们在即将来临的巨变中也没有什么可损失的——这种巨变在马克思这里叫共产主义，而在基督教"福音书"里则叫神的国——因此他们更会张开双臂去迎接这一变革。就像法耳玛科斯一样，无产阶级也是一种顺势疗法的生物，虽有病症但也承诺治愈。与任何象征一样，它所能引起的共鸣远超其自身所是，在一种从虚弱到权力的自我转化中宣告了一种更为普遍的解放。髑髅地的悲剧主人公是绝对错行的另一个受害者，他除了人类之所是之外不诉求任何传统上的头衔。就像马克思的无产阶级一样，这是因为他显现了某种普遍的被压迫，即圣保罗所说的"制罪"，而后他才能去救赎它。

在马克思的早期著作中，在无产阶级的被剥削与资产阶级的自我否定之间，存在着一种隐含的对照关系。剥夺他人身体权利的行为总是与一种反施于自身的践行相关联。这里存在的问题不是简单的压迫者随着他们主人的致富而致贫。相反，这两方面势力注定都会出于不同的原因而被剥夺他们感官上的物质满足感。马克思认识到，禁欲主义是利润驱动下的社会秩序的必要环节。他在《经济学哲学手稿》中写道：

自我否定、对生命的否定及对人类需求的否定，这是（资产阶级政治经济的）基本教条。你越少吃喝、购书、看戏、跳舞、饮酒、思考、爱、推理、唱歌、绘画、练习剑术等等，你就**省下**得越多，你的财富就会越来越庞大，而这些财富飞蛾和蛆虫都不能腐蚀——这就是你的**资本**。于是你自身**变得**越贫乏，你能给予生活的表达就越少；你**拥有**得越多，你的**异化**生活就愈加冗余，而对于你那疏离的生活你也就保留得越多。[1]

这一对照所指出的是这样的问题：一面是为了自己的资本牺牲自己的生命，偶像崇拜式地将自己献祭给显得有生命的死物，一面是发现自己被迫处于一种向死而生的处境中，却可能为某种更普遍的繁荣提供条件。我们在就处在这两种选择之间。

　　不言自明的是，人们必须完成自我解放的使命。而没有什么比死亡行为更能寄托这样的使命了。革命的概念解开了 181 这样一个矛盾，即被霸权减损到某种僵死状态的客体，它同时也因此才能成为一个新的主体。它所经受的痛苦使它成为

1　Karl Marx, *An Introduction to the Critique of Hegel's 'Philosophy of Right'* (Cambridge, 1970), p. 361.

第五章　国王与乞丐

261

一个能动者。只有充分地体验它所处的悲惨境地，它才有希望废止这种处境，而由此一来它也就废止了自己。于是，古老的双面野兽终于在现代政治领域中找到了自己的归宿。沿着这道光线看去，革命就是这样一个现代版本，而它的古代版本，我们就称之为：牺牲。

译名对照表

巴尔扎克　Balzac, Honoré de

巴塔耶，乔治　Bataille, Georges

伯克特，瓦尔特　Burkert, Walter

柏拉图　Plato

保罗　Paul

《豹》（朱塞佩·托马西·迪·兰佩
　　杜萨）*Leopard, The* (Giuseppe
　　Tomasi di Lampedusa)

鲍恩，伊丽莎白　Bowen, Elizabeth

《暴力与神圣》（勒内·基拉尔）
　　Violence and the Sacred (René Girard)

贝克特，萨缪尔　Beckett, Samuel

贝克威思，罗杰　Beckwith, Roger

贝娄，索尔　Bellow, Saul

贝斯特吉，米格尔·德　Beistegui,
　　Miguel de

贝蒂，J. M. H　Beattie, J. M. H.

《被给予的时间》（雅克·德里达）
　　Given Time (Jacques Derrida)

本雅明，瓦尔特　Benjamin, Walter

毕希纳，格奥尔格　Büchner, Georg

柏克，埃德蒙　Burke, Edmund

彼拉多，本丢　Pilate, Pontiuse

《波因顿收藏品》（亨利·詹姆斯）
　　Spoils of Poynton, The (Henry James)

《不朽》（米兰·昆德拉）*Immortality*
　　(Milan Kundera)

《布登勃洛克一家》（托马斯·曼）
　　Buddenbrooks (Thomas Mann)

布尔，马尔科姆　Bull, Malcolm

布莱德利，伊恩　Bradley, Ian

布莱克，威廉　Blake, William

布莱希特，贝托尔特　Brecht, Bertolt

布朗肖，莫里斯　Blanchot, Maurice

布洛赫，恩斯特　Bloch, Ernst

C

《存在与时间》（维特根斯坦）*Being
　　and Time* (Ludwig Wittgenstein)

D

达尔文，查尔斯　Darwin, Charles

《达洛卫夫人》（弗吉尼亚·伍尔芙）
　　Mrs Dalloway (Virginia Woolf)

《大地》（埃米尔·左拉）*Earth, The*
　　(Émile Zola)

《大教堂凶杀案》（T. S. 艾略特）
　　Murder in the Cathedral (T. S. Eliot)

戴利，罗伯特 J.　Daly, Robert J.

《单纯理性限度内的宗教》（伊曼努尔·康德）*Religion within the Limits of Reason Alone* (Immanuel Kant)

《丹东之死》（格奥尔格·毕希纳）*Danton's Death* (Georg Büchner)

《祷告时辰》（W. H. 奥登）*Horae Canonicae* (W. H. Auden)

道格拉斯，玛丽　Douglas, Mary

德蒂安，马塞尔　Detienne, Marcel

德斯蒙德，威廉　Desmond, William

《德意志悲苦剧的起源》（瓦尔特·本雅明）*Origin of German Tragic Drama, The* (Walter Benjamin)

德勒兹，吉尔　Deleuze, Gilles

德里达，雅克　Derrida, Jacques

德沃金，罗纳德　Dworkin, Ronald

邓恩，约翰　Donne, John

狄奥尼索斯　Dionysus

狄更斯，查尔斯　Dickens, Charles

笛卡尔，勒内　Descartes, René

《地狱箴言》（威廉·布莱克）*Proverbs of Hell* (William Blake)

《独角兽》（艾丽丝·默多克）*Unicorn, The* (Iris Murdoch)

《杜伊诺哀歌》（莱内·马利亚·里尔克）*Duino Elegies* (Rainer Maria Rilke)

E

俄狄浦斯　Oedipus

《俄狄浦斯王》（索福克勒斯）*Oedipus Tyrannus* (Sophocles)

《俄狄浦斯在科罗诺斯》（索福克勒斯）*Oedipus at Colonnus* (Sophocles)

《俄瑞斯忒亚》（埃斯库罗斯）*Oresteia* (Aeschylus)

恩培多克勒　Empedocles

F

法耳玛科斯　*pharmakos*

范·根特，多萝西　Van Ghent, Dorothy

菲尔丁，亨利　Fielding, Henry

《斐多篇》（柏拉图）*Phaedo* (Plato)

《费德尔》（让·拉辛）*Phèdre* (Jean Racine)

费希班，迈克尔　Fishbane, Michael

《赫索格》（索尔·贝娄） *Herzog* (Saul Bellow)

黑格尔，G. W. F. Hegel, G. W. F.

《黑格尔导论》（亚历山大·科耶夫） *Lectures on Hegel* (Alexandre Kojève)

《洪堡的礼物》（索尔·贝娄） *Humboldt's Gift* (Saul Bellow)

《荒凉山庄》（查尔斯·狄更斯） *Bleak House* (Charles Dickens)

霍布斯，托马斯 Hobbes, Thomas

霍克海默，马克斯 Horkheimer, Max

J

基德纳，F. D. Kidner, F. D.

基拉尔，勒内 Girard, René

济慈，约翰 Keats, John

加缪，阿尔贝 Camus, Albert

加尔文，约翰 Calvin, John

加塔利，菲利克斯 Guattari, Félix

《洁净与危险》（玛丽·道格拉斯） *Purity and Danger* (Mary Douglas)

金，马丁·路德 King Jr, Martin Luther

《金碗》（亨利·詹姆斯） *Golden Bowl, The* (Henry James)

《金枝》（詹姆斯·乔治·弗雷泽） *Golden Bough, The* (James George Frazer)

《紧急时刻的祷告》（约翰·邓恩） *Devotions upon Emergent Occasions* (John Donne)

《经济学哲学手稿》（卡尔·马克思） *Economic and Philosophical Manuscripts* (Karl Marx)

《精神现象学》（G. W. F. 黑格尔） *Phenomenology of Spirit* (G. W. F. Hegel)

《酒神的伴侣》 *Bacchae, The*

《救赎》（弗朗西斯·斯图亚特） *Redemption* (Francis Stuart)

K

卡尔德隆·德·拉·巴尔卡，佩德罗 Calderón de la Barca, Pedro

卡西尔，恩斯特 Cassirer, Ernst

《看见隐藏之物》马尔科姆·布尔 *Seeing Things Hidden* (Malcolm

Pamela (Samuel Richardson)

佩达特，以利亚撒·本 Pedat, Eleazar Ben

《品彻·马丁》（威廉·戈尔丁） *Pincher Martin* (William Golding)

普尔，阿德里安 Poole, Adrian

普鲁斯特，马塞尔 Proust, Marcel

Q

齐泽克，斯拉沃热 Žižek, Slavoj

《启蒙辩证法》（马克斯·霍克海默和西奥多·阿多诺） *Dialectic of Enlightenment* (Max Horkheimer and Theodor Adorno)

《强盗》（弗里德里希·席勒） *Robbers, The* (Friedrich Schiller)

乔伊斯，詹姆斯 Joyce, James

切斯特顿，G. K. Chesterton, G. K.

琼斯，D. R. Jones, D. R.

《权力意志》（弗里德里希·尼采） *Will to Power, The* (Friedrich Nietzsche)

《群魔》（费奥多尔·陀思妥耶夫斯基） *Devils, The* (Fyodor Dostoevsky)

R

《人生如梦》（佩德罗·卡尔德隆·德·拉·巴尔卡） *Life is a Dream* (Pedro Calderón de la Barca)

日尔曼尼库斯 Germanicus

S

撒旦 Satans

萨拉马戈，若泽 Saramago, José

萨特，让-保罗 Sartre, Jean-Paul

塞涅卡 Seneca

桑特纳，埃里克 Santner, Eric

《戮人》（瓦尔特·伯克特） *Homo Necans* (Walter Burkert)

莎士比亚，威廉 Shakespeare, William

《善恶的彼岸》（弗里德里希·尼采） *Beyond Good and Evil* (Friedrich Nietzsche)

《上帝之城》（希波的奥古斯丁） *De Civitate Dei* (Augustine of Hippo)

舍弗勒，塞缪尔 Scheffler, Samuel

圣·奥宾，爱德华 St Aubyn, Edward

陀思妥耶夫斯基，费奥多尔
Dostoevsky, Fyodor

W

瓦蒂莫，詹尼　Vattimo, Gianni

瓦格纳，理查德　Wagner, Richard

瓦罗　Varro

威廉斯，伯纳德　Williams, Bernard

威廉斯，罗恩　Williams, Rowan

《威尼斯商人》（威廉·莎士比亚）
Merchant of Venice, The (William
Shakespeare)

韦伯，马克斯　Weber, Max

韦尔南，让-皮埃尔　Vernant, Jean-
Pierre

维吉尔　Virgil

维特根斯坦，路德维希　Wittgenstein,
Ludwig

《无名的人》（萨缪尔·贝克特）
Unnamable, The (Samuel Beckett)

伍德，戴维　Wood, David

伍尔芙，弗吉尼亚　Woolf, Virginia

《物性论》（卢克莱修）　*De Rerum
Natura* (Lucretius)

X

《西西弗的神话》（阿尔贝·加缪）
Myth of Sisyphus, The (Albert
Camus)

希波的奥古斯丁　Augustine of Hippo

《希腊人的贡食》（马塞尔·德蒂安
和让-皮埃尔·韦尔南）　*Cuisine
of Sacrifice among the Greeks, The*
(Henri Hubert and Marcel Mauss)

希特勒，阿道夫　Hitler, Adolf

《希望的原理》（恩斯特·布洛赫）
Principle of Hope, The (Ernst
Bloch)

《牺牲：本质与功能》（亨利·休伯
特和马塞尔·莫斯）　*Sacrifice:
Its Nature and Functions* (Henri
Hubert and Marcel Mauss)

席勒，弗里德里希　Schiller, Friedrich

《戏剧评论》（G. E. 莱辛）　*Dramatic
Notes* (G. E. Lessing)

《现代性的终结》（詹尼·瓦蒂莫）
End of Modernity, The (Gianni
Vattimo)

谢林，弗里德里希　Schelling, Friedrich

查拉图斯特拉　Zarathrustra

詹姆斯，P. D.　James, P. D.

詹姆斯，亨利　James, Henry

《政治的神学》（卡尔·施米特）
Political Theology (Carl Schmitt)

《致玛西亚的劝慰书》（塞涅卡）　*On Consolation to Marcia* (Seneca)

《致死的疾病》（索伦·克尔凯郭尔）
Sickness unto Death, The (Søren Kierkegaard)

《重拾》（罗斯·特里梅因）
Restoration (Rose Tremain)

《朱莉小姐》（奥古斯特·斯特林堡）
Miss Julie (August Strindberg)

《自创世以来隐而不现之物》（勒内·基拉尔）　*Things Hidden since the Foundation of the World* (René Girard)

《自由堕落》（威廉·戈尔丁）　*Free Fall* (William Golding)

《宗教思想史》（米尔恰·伊利亚德）　*History of Religious Ideas* (Mircea Eliade)

《最后》　*At Last*

《罪与罚》（费奥多尔·陀思妥耶夫斯基）　*Crime and Punishment* (Fyodor Dostoevsky)

左拉，埃米尔　Zola, Émile

译后记　重估伊格尔顿的可能

　　作为"文学理论家"的伊格尔顿在国内的影响力是毋庸置疑的，时至今日，如果中文系的本科生要在推免申请的简历上写下一本"西方文学理论"的阅毕书籍，他们大概率仍然会写下伊格尔顿的《二十世纪世纪西方文学理论》(实际上英文书名直译应为《文学理论导论》)。然而详细阅读过这本书的人可以很直观地看到伊格尔顿何以是一位非典型的"文学理论家"。正如伊格尔顿在其他一些著作中提到的，与"外在批判"截然区分的"内在批判"的有效性是一种幻觉。[1] 和"形式主义""新批评"以及"叙事学"这样的典型的文学"内部研究"不同，文学在伊格尔顿的论述中其实从未被"对象化"，而是外部历史文化语境的组织集合。对"文学理论"的分析是对"政治批评"的组织，而在具体的文学作品的分析中则是对"社会性"的组织。近年来随着《神圣的恐怖》《文

1　参见特里·伊格尔顿:《后现代主义的幻象》，华明译，北京:商务印书馆，2000 年，第 10—12 页。

化与上帝之死》以及本书的出版，伊格尔顿显然转换或者说扩大了这一与"内部"相勾连的"外部"。这反过来也同样说明，无论是"政治批评"还是"社会性"，这些研究范畴对于伊格尔顿这样的作者来说都是暂时的研究驿站，关键问题在于如何理解他对于这一"内—外部"的组织原则。

伊格尔顿近年来由"文学"向"文化"的转向给了我们一个重估其整体思想面貌的契机。伊格尔顿著作的翻译难度可以说是学界公认的，这并不仅因其文风潇洒不羁，过于标准的翻译容易错失其迷人的个人语言风格，还由于某种程度上说，国内对于伊格尔顿的引介是超前的，或者说是有错位的。伊格尔顿更多地以"文论家"的理论形象而被国内所接受，因此对于伊格尔顿的研究长期以来也就被"审美意识形态批判"及"社会性"所支撑。这样的视角虽然在原则性上是无误的，但是具体理论及社会历史背景的缺失也割裂了伊格尔顿"外部研究"拓展的连贯性。随着近年来这些理论及历史背景开始受到学界的重视，刷新伊格尔顿研究的理论视角也成了可能。鉴于本书翻译过程中遇到的一些困难及商榷意见，指明这些有待更新的视点对于理解本书也是十分必要的。

首先，"语言"及其"概念"无疑是伊格尔顿思想的重要切入点，这自然会关联到"语言学转向"这一理论背景。由于在国内传统的西方现代理论研究框架中，"语言学转向"这一概念几乎直接指代以索绪尔为代表的"结构主义语言学"，并随着卡勒作为文学"内部研究"的诗学著作而被普遍接受，因此在以往对于伊格尔顿"文学理论"的理解中，他被简单地归于"话语"理论一方，和福柯、巴特等理论家归为一类。但这一视野忽略了一些基本事实。第一，实际上"语言学转向"这个概念并不专属于"语言—话语"这一符号学理论框架，同时也属于"语言分析哲学"以及之后的"语言行为理论"，且后者才更贴近英美理论语境。其中一个典型表现就是由理查德·罗蒂选编，芝加哥大学出版社于 1992 年出版的《语言学转向：哲学方法论集》(*The Linguistic Turn: Essays in Philosophical Method*)，其中所选编的都是与英美语言分析哲学直接相关的学者论文。第二，在国内所熟知的《二十世纪西方文学理论》的总结章节"结论：政治批评"中，伊格尔顿本人对自己真正的研究领域做了清楚的辨析，他说道："修辞学在其全盛时期既非一种以某些直觉方式关注人们语言经验的'人文主义'，也不是一种仅仅专注于语言手段之分析的'形式主义'。它从具体的行事角度看待这类手段——它们是进行申辩、说服、劝诱及其他等等的方法——并且从话语在其中发挥作用的语言结构和物质环境的角度看待人们对于话语的反应。"[1]

1　特里·伊格尔顿：《二十世纪西方文学理论》，伍晓明译，西安：陕西师范大学出版社，1987 年，第 225 页。

伊格尔顿在这一章节中明确指出他所关注的范畴是"修辞学"，而"话语"则是作为"修辞学"所包含的一个重要领域而存在的。换言之，虽然伊格尔顿没有直接的英美语言哲学背景，但从该著作英文第二版的"后记"中也能够明显看出，他是如何站在欧陆"话语"理论的外部对其进行审视和批判的。伊格尔顿所占据的至少是一种相对于符号学"话语理论"的偏离视角，或者说作为一名英国人，他自然地占据了一个英美与欧陆理论的居间视角，这也是伊格尔顿作为现代理论家最为难得之处。随着近年来更为专门的英美政治学著作的引入，我们已经能够看到如剑桥学派这样具有深厚英美语言哲学背景的学派是如何透过"修辞学"研究和组织思想史论述的。在本书中读者也可以窥见伊格尔顿与之相近的思想风格。

其次，作为这一视野革新的自然衍生，伊格尔顿后期对于神学问题的关注也就并非一个断裂性的转向，而应该被理解为将"社会性"拓展为一个更宏大的政治历史视野，这个视野就是"世俗化"问题。在相当大的程度上，我们可以说，如果将释经学作为一个"语文学"范畴内的问题，那么"修辞学"就是其中最为重要的研究领域，从奥利金到奥古斯丁直至中世纪晚期的阿奎那与安瑟伦，经由"修辞学"这一视野不但能够串联起神学内部诸多观念的演变史，而且能透视古典社会走向现代科学社会的历史进程，这一论述途径在具有英国经验主义修为的诸多研究者笔下已经得到了相当多的实践。实际上，从一个较为宏观的层面说，本书实际上可以被视为伊格尔顿对于英美神学观念下"身体"修辞的总览，其间也与其一贯的理论视野一样，渗透着对于基拉尔和德里达等欧陆"话语"理论家的批判。因此，一旦接受了这一视角，那么实际上在伊格尔顿的思想历程中就不存在断裂性的转向，而是始终如一地基于"修辞学"的社会历史视野拓展。这一问题也与前文所提到的伊格尔顿的"居间立场"相照应，在国内著名伊格尔顿研究者耿幼壮老师最近的相关论文中，他非常清晰地将伊格尔顿的"神学—文学符号学"解释为一种偏离传统"话语理论"符号学的新立场：由"能指—所指"转为"身体—语言"。[1]

再次，由于现代与后现代理论所具有的"非历史性"特征，伊格尔顿作为英国人的身份往往被忽略了。实际上如前文所述，这种忽略在理论层面已经造成了一些理解错位，而当他的论述触及神学、政治学，伊格尔顿自身所处的社会历史背景的重要性就被凸显了出来。首先，作为一位传统视野中的左翼学者，也许读者会对伊格尔顿在本书中展现出的

---

1 参见耿幼壮：《伊格尔顿的神学—文学符号学》，载《文艺研究》2020 年 5 期，第 9 页。

"国家—殉道"立场感觉不适，更不用说其对于标志性的左翼理论家德里达和朗西埃的批判了。但一旦我们了解英国血腥的内战与宗教冲突史，以及实际上自"诺曼征服"以来就经受的外族统治史，我们也就不会对伊格尔顿左翼思想中的国家主义色彩感到奇怪了。其次，对于本书中所涉及的一些神学论述，也可能会让一些具有某一种神学知识的读者感到怪异。比如本书中大量关于牺牲问题的讨论都是基于神与凡人的契约交换这一可能逻辑，然而在其他一些神学知识体系中，这个问题的提出本身就已经是一种僭越了。因此这里必须指出的是，在英美近代的神学体系中，"契约神学"（Covenant Theology）是其中一个重要的神学观念，无论在英国本土还是北美最初的殖民地建立过程中都起到了基础性的作用。在这样一种神学观念中，神作为与人立约者而被赋予了可测、仁慈、平等、服从规律等道德观念。而在本书中，伊格尔顿很显然是基于这一英美神学传统观念向马克斯·韦伯所说的犹太教的"伦理转向"回溯。而"契约神学"中所内含的"个人契约"与"国族契约"之间的冲突，也显然在本书的论述中占据了重要位置。[1]

1　关于"契约神学"的基本定义，详见张媛:《美国基因：新英格兰清教社会的世俗化》，北京：中央编译出版社，2016年，第25—27页。

最后，请允许我感谢为本书出版付出辛勤劳动的编辑、外审老师及其他相关工作者。由于我并非伊格尔顿的专门研究者，但自认可以算是系统阅读过伊格尔顿的读者，故而在翻译风格上试图尽可能保留伊格尔顿的个人语言风格，但也由此造成了很多错误，有赖于编辑与审读老师的耐心帮助才得以完稿。但仍不免有疏漏之处，惭愧之余，万望读者批评与见谅。当然，如果本书还有任何错误，完全应由本人承担。

林云柯

2020 年 10 月 5 日

于南开大学范孙楼

lynlin87@icloud.com

文
景
——
Horizon

社 科 新 知　文 艺 新 潮

论牺牲

〔英〕特里·伊格尔顿　著　林云柯　译

出 品 人：姚映然
策划编辑：章颖莹
责任编辑：章颖莹
营销编辑：胡珍珍
封扉设计：肖晋兴

出　　品：北京世纪文景文化传播有限责任公司
　　　　　（北京朝阳区东土城路8号林达大厦A座4A　100013）
出版发行：上海人民出版社
印　　刷：山东临沂新华印刷物流集团有限责任公司
制　　版：南京展望文化发展有限公司

开　本：850mm×1168mm　1/32
印　张：9.125　　字　数：150,000　　插 页：2
2021年4月第1版　　2021年4月第1次印刷
定　价：59.00元
ISBN：978-7-208-16649-3 / B·1492

图书在版编目（CIP）数据

论牺牲 /（英）特里·伊格尔顿（Terry Eagleton）
著；林云柯译.—上海：上海人民出版社，2020
书名原文：Radical Sacrifice
ISBN 978-7-208-16649-3

Ⅰ.①论… Ⅱ.①特… ②林… Ⅲ.①西方马克思主
义-研究 Ⅳ.① B089.1

中国版本图书馆 CIP 数据核字（2020）第 184992 号

本书如有印装错误，请致电本社更换　010-52187586

Radical Sacrifice by Terry Eagleton
Copyright © 2018 by Terry Eagleton
Originally published by Yale University Press
Chinese simplified translation copyright © 2021 by Horizon Media Co., Ltd.,
A division of Shanghai Century Publishing Co., Ltd.
Through Bardon-Chinese Media Agency
ALL RIGHTS RESERVED